[日] 对马达雄 著
陈瑜 译

希特勒的逃兵

背叛还是抵抗，
德意志最后的禁忌

上海译文出版社

目 录

序 言 1

第一章 军事法庭和平民士兵的反抗 1

　1　希特勒的国防军 3
　　　希特勒的军规/作为正规军的国防军/希特勒誓词/政治士兵/军事法庭的复活和构成/军事法官和审判官

　2　严酷的军法 14
　　　战时的军法/"破坏国防力量"/拒服兵役的"耶和华见证人"/"红色交响乐团"/平民女性路易丝·吕尔斯/国家军事法庭和战时反叛/"自由德国国民委员会"和第二一六突击战车大队/战时反叛者卢卡舍维茨和国家军事法庭法官吕本/严惩逃兵/军事司法官埃里克·施温格/施温格的军法观/逃兵斯特凡·汉佩尔的战时反叛

　3　幸存的逃兵路德维希·鲍曼 36
　　　鲍曼对纳粹的不满和入伍经历/同乡的战友库尔特·奥尔登堡/逃跑和失败/死刑判决和囚犯生活/特赦/埃斯特韦根惩戒集中营/憎恶和蔑视/托尔高军事监狱/与卢卡舍维茨的相遇/东部战线、被俘虏、解放

第二章 纳粹判决依然有效、逃兵饱受谩骂 53

　1　阿登纳的内政和地位稳固的军事司法官 55
　　　阿登纳的"1948年7月21日的演说"/被拒绝的雅斯贝斯/尘封"历史"/军事司法官们的战后处境/为自己脱罪的军事司法官/"原军法专家联合会"的活动

1

2　依然有效的纳粹判决　　　　　　　　　　　　67
　　　　被无视的司法改革/原海军司法官吕德尔的无罪释放/水兵盖尔的死刑/斯特凡·汉佩尔的补偿请求/路易丝·吕尔斯的补偿请求/"红色交响乐团"和"耶和华见证人"/原军事司法官编写正史
　　3　逃兵路德维希·鲍曼的苦恼和绝望　　　　　　80
　　　　返乡后的鲍曼/遭受谩骂和毒打的鲍曼/沉溺于酒精的生活和父亲的遗言/在不来梅的重新开始和婚后生活/妻子的死/戒酒和重新振作

第三章　"我们不是叛徒"
　　　　——历史学家的支持和社会舆论的改变　　　95
　　1　重新振作的鲍曼和逃兵复权的动向　　　　　97
　　　　20 世纪 80 年代/参加和平运动的鲍曼/"菲尔宾格事件"
　　2　人们开始追悼逃兵　　　　　　　　　　　　104
　　　　卡塞尔市议会针对纪念碑的讨论/原逃兵奥托·艾舍的声明/不来梅的"无名逃兵"追悼像/鲍曼的决心/"我曾是个逃兵"——鲍曼的行动/复权运动的兴起
　　3　对纳粹军事司法的批判
　　　　——施温格 VS 麦瑟史密特、维尔纳　　　118
　　　　《纳粹时代的德国军事司法》的出版/成为正史的《纳粹时代的德国军事司法》/曼弗雷德·麦瑟史密特/弗里策·维尔纳/反驳之书《尽忠于纳粹主义的国防军司法——神话的崩塌》/反响/维尔纳所著《纳粹军事司法和惨痛的历史记述》成了致命一击
　　4　"全国纳粹军事司法受害者协会"的成立　　133
　　　　鲍曼和麦瑟史密特的相识/前来参加"全国纳粹军事司法受害者协会"的众人/复权运动和研究工作的相互促进

5　司法的变革和舆论的支持　　　　　　　　　142
　　　　联邦社会法院基于研究成果作出的判决/联邦最高法院对纳粹司法的批判/知名媒体的协助和舆论的改变/伊姆加德·吉娜的加入

第四章　恢复权利的逃兵　　　　　　　　　　　　153
　　1　逃兵的复权成了政治课题　　　　　　　　　155
　　　　议会开始讨论逃兵的复权/盖斯议员和强硬的右翼/汉斯-约亨·福格尔敲响了警钟/审议进入正式流程/鲍曼在听证会上的发言/反对意见/鲍曼的赞同者/混乱的审议
　　2　联邦议院外的活动与联邦议院内的变化　　　171
　　　　德意志福音教会会议的"宣言"/"国防军犯罪展"/联邦议院的"决议"
　　3　逃兵实现复权——《纳粹不当判决撤销法修正法案》　180
　　　　《纳粹不当判决撤销法》和逃兵被排除在外/政权交替和迟到的《纳粹不当判决撤销法修正法案》/出席"7月20日密谋案"的追悼仪式/民主社会主义党（左翼党）的支持/第二次听证会/逃跑不代表软弱/鲍曼的发言/《纳粹不当判决撤销法修正法案》的出台/喜悦、悲痛、愤怒
　　4　鲍曼最后的斗争——调查研究书《最后的禁忌》　194
　　　　复权运动的持续展开和战时反叛罪/"全国协会"继续展开活动/《最后的禁忌》的中期报告和政府的回答/其他党派对左翼党的攻击/《最后的禁忌》的出版和主要内容/《最后的禁忌》的影响/最后的听证会/歪曲事实的发言/法案受政客们摆布/联邦议院全体会议的决议

尾　声　　　　　　　　　　　　　　　　　　　217
后　记　　　　　　　　　　　　　　　　　　　225
主要文献　　　　　　　　　　　　　　　　　　227

序　言

　　第二次世界大战期间，德国的军事法庭惩治了许多违反军纪的士兵，其中绝大多数都是从战场逃跑的平民士兵。自古以来，"逃兵"这个词总是贬义的。即使到了战后，这些士兵也难以融入社会，被看作叛徒和罪犯，既领不到政府的赔偿，也没有养老金。

　　长期以来，二战中的逃兵都是社会的禁忌话题。直到迈入新世纪，他们的境况才开始好转。2002年，这些纳粹（民族社会主义德国工人党）时代的罪人终于恢复了权利。2009年，也就是战后第六十四年，军事法庭的裁决被全部撤销。

　　为什么过了这么多年才等来平反？这关系到另一个重要的问题。在世人眼里，德国与纳粹统治的过去划清了界限，但德国到底是如何审视这段历史的呢？本书将围绕"最后一个逃兵"路德维希·鲍曼（Ludwig Baumann，1921年12月13日—2018年7月5日）的生平展开，探讨这两个问题的答案。

　　近代国家一旦实施征兵制，军队就会采用不同于一般社会的司法制度。为了统一管理、保持风纪、提高作战能力，军队会制定军法，设置军事法庭和军事监狱。

　　德国历来重视军事，在德意志帝国成立的第二年，即1872年，出台了广为人知的《德意志帝国军法典》。这部军法涵盖"叛国·战时反叛""通敌""擅自离队、逃跑""抗命"等罪行。其中关于"逃跑"的条例格外详细。

原因主要有两点。首先，普通士兵应征入伍后，逃跑是非常普遍的违纪行为。其次，逃跑往往被视作脱离军队甚至国家、辜负全体国民的行为。所以，社会逐渐达成了对逃兵的共识，认为他们背叛国家、出卖战友、胆小如鼠。

二战时的情况又如何呢？纳粹德国的军法远比其他国家严酷。德国军事法庭执行的死刑数量远远多于以英美为主的交战国。根据著名军事史学家曼弗雷德·麦瑟史密特的统计，实际数字大致如下：

美国一百四十六人（其中一百四十五人杀人、强奸或强奸杀人），英国四十人（其中三十六人杀人、三人携带武器反抗），而德国仅陆军就处死了一万九千六百人。即使和英美一样包含了一般性犯罪，处决数量也依旧大得惊人。

我们再来看看逃兵的数量。从1939年9月开战到1945年5月停战，德国国防军中共有三十万人逃跑。其中，十三万人被逮捕，三万五千人被判死刑（实际被处死的约为两万两千至两万四千人）。包括获减刑的逃兵在内，超过十万人被送进惩戒集中营和军事监狱，最终活下来四千人。与此相比，美军有两万一千人逃跑，一百六十二人被判死刑，实际处决一人。

事实远不仅此，纳粹军法还设立了"破坏国防力量"这条罪名。依据此项规定，不管在前线还是后方，国防军的司法机关都严厉打击对战争不利的言行。至少有三万人因此被判重刑，原则上难逃一死。

从以上这些数字来看，德国国防军的裁决不合常理。不由得叫人疑惑，纳粹的军事司法官（法官和检察官）为何如此不近人情？

此外，德国为什么会出这么多逃兵，数量远超英美？针对这个问题，必须补充一个当时的历史背景。二战东线的苏德战场从一开始就极为惨烈，残害俘虏、虐杀当地无辜百姓的事件层出不穷。不少德国士兵难以忍受这种惨无人道的战争，才决定逃跑。但这需要巨大的勇气，因为逃跑意味着死刑的惩罚。甚至到了战争末期，连家人也会被追究连带责任。

由此可见，逃跑需要将生死置之度外。当然，也有人是因为"怕死"才做逃兵。但这也是最真实的人性，绝不能将逃跑和胆小懦弱、逃避战斗划上等号。

在此我想强调，对于无所傍身的士兵来说，逃跑还意味着公开抵抗和反对纳粹思想。多数逃兵四处流亡，无处藏身，幸得反纳粹市民收留。还有不少逃兵投身民间反抗组织，和希特勒作斗争。

像这样为了各式各样的动机和理由逃跑的士兵，加起来有三十万人。其中十三万人被捕，有人被处死，有人即使得到减刑还是死在了严刑拷打之下，有人牺牲在战争的最前线。最终仅剩四千人生还。

综上，本书将首先通过真实的裁决案例，介绍纳粹军事法庭至今鲜为人知的司法流程。

其次，我将着重讲述幸存的逃兵在战后的经历，以及裁决逃兵的军事司法在战后的发展。

逃兵是被定过罪的人，即使活下来，也找不到像样的工作，生

3

活困窘，他们的家人也深受其害。但那些军事司法官在战后却全都迎来了复职和晋升，领着退休金，过上了安逸的老年生活。一般司法界也同样支持军事法庭的裁决。

在冷战期间，联邦德国政府急于重整军备，启用了战时的军队骨干。在各个联邦州，战死的士兵被供奉，逃兵则成了灾星。老逃兵们只能处处谨小慎微，尽量避开世人的冷眼。

1985年之后，人们开始重新审视纳粹的军事司法，曝光了很多不为人知的详情。1989年，柏林墙被推倒，东西德合并。时代的主流逐渐从意识形态的对立转向探究史实。

眼看时代正在变化，一直活在绝望中的逃兵们也希望梳理自己的过去，寻得新的出路。他们之中就出了一位想要为自己平反的人物。他就是上文提到的反纳粹逃兵路德维希·鲍曼。

路德维希·鲍曼（2016年10月17日）（本书作者拍摄）

1941年2月，十九岁的鲍曼应征入伍，被派到法国的德占区波尔多。第二年，和同乡库尔特逃跑未遂，6月末被判处死刑。幸得恩赦减刑后被派往苏俄战场，库尔特战死，鲍曼身受重伤。鲍曼一度被苏联红军俘获，获释后在1945年12月回到了故乡汉堡。战争结束前，鲍曼遭受了非人的对待。在波尔多军事监狱，他被锁上铁链，关进死囚单独的牢房。之后，惩戒集中营和托尔高军事监狱的严酷也同样令人胆寒。复员后，生活并没有好转，众人的唾骂使鲍曼对人生绝望。他日日沉溺于酒精，而后搬到了不来梅居住。结婚后有了六个孩子，妻子却突然死去，这一次他陷入了家庭瓦解的危机。直到四十九岁，才重新振作起来，找到活着的意义，在困顿中把几个孩子养大成人。六十五岁时，鲍曼决定加入和平运动，这是继承他在托尔高军事监狱服刑时认识的友人上等兵卢卡舍维茨的遗志。1990年10月，在七十岁生日之前，鲍曼成立了"全国纳粹军事司法受害者协会"，立志用余下的人生帮助逃兵以及更多曾获罪的人恢复名誉。不少历史学家的研究都证明他们的诉求合情合理，复权运动顺利展开。最终在2009年9月，联邦议院一致同意恢复他们的名誉。此时鲍曼已经八十七岁。在这十几年间，鲍曼热心于社会活动，为广大受害者建立纪念碑，同时向青少年讲述自己的经历，呼吁和平。2018年7月5日，鲍曼逝世，享年九十六岁，成为了名副其实的"希特勒军队的最后一名逃兵"。

本书选择鲍曼的人生轨迹为主轴，也是因为他本身就是一个值得书写的人物。作为一个逃兵，鲍曼尝尽了辛酸苦楚，亲眼见证了纳粹军事司法的残酷。他深知"丧失尊严的人无法活下去"，所以团结起那些和他一样被社会孤立的人，用复权运动拯救了自己本该绝望透顶的人生。

然而，我写作本书并不仅仅是为了叙述鲍曼的一生如何壮烈。历史学家以及相关学者与鲍曼和其他历史见证人长期合作，揭露了纳粹军事司法的真实面貌，最终促使社会认可这些曾被定罪的人，甚至改变了现代德国的历史政策。本书的目的正是为了记录这个世所罕见的成就。

作者按：本书引用了不少原文为德语的内容，希望我的翻译还算恰当准确，易于理解。

第一章

军事法庭和平民士兵的反抗

1 希特勒的国防军

希特勒的军规

在第二次世界大战期间,有一条面向全体德国士兵的规定:

"在前线可能会没命,但逃兵必须死。"

在阿道夫·希特勒(1889—1945)极具煽动性的自传《我的奋斗》中(下卷第九章),同样可以看到这句话。这本书出版于1926年,在希特勒(纳粹)政权成立后被奉为"纳粹圣经",是德国当时最畅销的出版物。他在书中抨击军事法庭对第一次世界大战中的逃兵过于宽容:

> "法庭几乎放弃了死刑,也没有启用陆军法规摘要(军法——对马),这让德国付出了惨痛的代价。到1918年,连兵站地(在战线后方负责补给的基地——对马)和德国国内都出了大量的逃兵。1918年11月7日后,各路逃兵甚至一下子集结起来,打着革命的旗号招摇过市,成了大型犯罪组织。"(同下卷第九章)

这里说的革命,是指促成德意志帝国瓦解的十一月革命,其起源是发生在德国北部的基尔港水兵起义及工人罢工。希特勒在一战中是德意志邦国巴伐利亚的志愿兵,也一度负伤,但他只字未提自己的经历,只是一味痛骂逃兵是"软弱的利己主义者""没骨气的胆小鬼"。

在整个魏玛共和国时期，保守阶级和右翼政党都大力吹捧"刀刺在背"之说，辩称德国之所以会在一战中败北，是因为犹太人、革命主义者和共产主义者在后方密谋破坏前线战果。希特勒也信奉这套理论，并把逃兵视作阴谋家和革命者的同谋，甚至认为"过于宽容"逃兵的军事法庭也对战败负有责任。

被希特勒责难的帝国时期军事法庭当时到底是如何运作的呢？《德意志帝国军法典》（1872）源于俾斯麦建立的德意志帝国最初的一百六十六条军法（即军刑法），但考虑到众邦国各有自己的军队，所以相关的规定、指令及手续都尚未完备。如表1所示，在这种情况下，德国陆海军的军事法庭在第一次世界大战中批准的死刑判决以及实际的执行数量，与交战国英法美相差较大。

表1 第一次世界大战中各国的死刑判决数和执行数

国名	死刑判决数	死刑执行数
德国	150	48（逃兵罪18）
美国	未知	35
英国	3080	346（逃兵罪269）
法国	约2000	300—400

（出自2008年曼弗雷德·麦瑟史密特著《国防军司法1933—1945》，括号内的逃兵处刑数出自2008年马格努斯·科赫编《"当时是合法的……"——被国防军军事法庭裁决的士兵和市民》）

除了在停战前一年才加入一战的美国，与英法两国相比，德国判处以及执行死刑的数量的确都少得多。我们无法得知个中缘由，想必与军法尚未完备有很大关联。仅从数字来看，希特勒指责军事法庭姑息逃犯，也并不是毫无根据。但这并不能证明"刀刺在背"就是德国战败的原因。真正的原因不外乎是国力、军事力量以及强国美国的参战。

值得注意的是，希特勒为了防止士兵逃走，主张设立"严格实施死刑的军法"，强调唯有"苛责威逼"才能使士兵服从。严刑峻法虽然的确能够有效减少和预防犯罪，但希特勒借此表达的是对弱者的蔑视和对强者的崇拜。基于此，军法只关乎"命令与服从"。随着纳粹党夺取政权，希特勒的主张变成了现实。这意味着，与一战时相反，严苛的军法出台，刑罚被广泛地强制执行，不论在前线还是后方，无差别适用于所有的德国人。

作为正规军的国防军

那么在希特勒政权下，军队和司法实际上是如何运作的呢？纳粹时期的德国军队分成作为正规军的国防军和希特勒的党卫队两种。一提起纳粹的军队，读者首先想起的或许是由警察总监海因里希·希姆莱（1889—1945）领导的党卫队（SS）及其军事组织（武装党卫队），而非国防军。事实上，这支实施了大屠杀的狂热军队，最初只是一群志在保卫希特勒的政治志愿兵。党卫队的兵力在战时一度超过九十万人，但始终不是德国的正规军。本书以逃兵路德维希·鲍曼的生平为主轴，讲述违反军法的人如何被定罪，他们在战后又受到何种对待以及如何重新获得权利。因此，本书的焦点并不是党卫队，而在于国防军及其司法和被征召的士兵。曼弗雷德·麦瑟史密特所著《国防军司法 1933—1945》（2008 年第二版）为这些主题及下文的展开提供了诸多参考。

纳粹德国的国防军（战时的总人数高达一千八百万人）由魏玛

共和国军演变而来,有着以下几个基本特征。

希特勒誓词

首先,军人(将领、下级军官、士兵)履行忠诚义务的对象由国家变成了元首希特勒个人。德国的军人向来只效忠于国家,甚至还有不参与政治这种不成文的规定。正因如此,虽然《魏玛宪法》首次赋予了职业军人选举权,但依旧严禁其从事政治活动。1934年8月2日,希特勒就任元首,立即撤销了军人对国家的忠诚义务,并提出了"领袖原则",即元首是国家和民族的领袖,他的决定必须被服从。由此,军人只效忠于希特勒个人,无条件服从其命令。同一天,陆海军将士们作出了如下的忠诚宣誓:

"我在上帝面前庄严宣誓,将无条件地服从德国及人民的元首、国防军最高统帅阿道夫·希特勒的命令,作为一个勇敢的军人,我将随时准备牺牲生命以信守诺言。"(国防军誓词)①

同年8月20日,这份效忠希特勒的誓词被写进法律,直至战后才失效。后来,所有的政府官员也必须遵守这份"希特勒誓词"。也因为这样,战后,纳粹战犯在法庭上不约而同地以"不得违背誓词"为自己辩护,逃避责任。

这份誓词展现了对希特勒个人的绝对服从,出自大力支持纳粹新政权上台的陆军参谋部,后由狂热崇拜希特勒的国防部长维尔纳·冯·勃洛姆堡(1878—1946)发布。因为这些人向来对魏玛民主政体不满,他们一心希望新政权能废除《凡尔赛和约》规定的军

---

① 本处译文参考维基百科"希特勒誓词"词条。

备限制和志愿兵役制，重新恢复义务征兵制。即使是后来"7月20日密谋案"的参与者也不例外。1944年7月20日，这群国防军内部的"反希特勒团体"成员企图推翻希特勒独裁政府。比如其中著名的克劳斯·冯·施陶芬贝格上校（1907—1944），他虽然绝不支持人种论，但一开始也对希特勒抱有很大期待。

政治士兵

国防军的第二个特征是军队由陆军主导，在纳粹思想的指导下大力扩充军力。

希特勒政权成立后不久，在1935年5月，一度被搁置的《国防法》（即兵役法）正式出台。在"为德意志民族的荣誉效劳"的名义下，义务征兵制恢复（年满十八岁至四十五岁）。《国防法》写明，由陆海空三军合并而来的国防军是"唯一的正规军"，是"德意志人民成长为士兵的学校"。从第二年即1936年起，为了定期地大量扩充年轻士兵，所有未满十八岁的德国少年都必须加入准军事组织希特勒青年团，为十八岁后顺利入伍做准备。过去，魏玛共和国军仅有陆军十万人，海军一万五千人，现在国防军拥有足足七十万全副武装的兵力。

另一方面，早在1934年，军队就积极向纳粹靠拢，在毫无法律依据的情况下驱逐了七十名现役犹太将领和士兵。这甚至发生在《纽伦堡法案》（德国议会在纽伦堡通过的种族法令）颁布（1935年9月）之前。年轻人从希特勒青年团毕业后就必须投身军营，这是他们最后一个受教育的地方。军队提出，真正理想的国防军士兵必须是维护纳粹德国种族纯净的"政治士兵"。"政治士兵"是军队高层和纳粹最高指挥部共同创造出来的形象，是指"无所畏惧的前线勇士"，无限服从元首希特勒的命令，全力保卫德国这个"为争夺生存空间而战的民族共同体"，付出生命也在所不惜。

军事法庭的复活和构成

希特勒政权在扩充军备的同时，还着手恢复被《魏玛宪法》撤销的和平时期军事裁决权。军队也对此大力支持，因为这意味着军人可以不受一般司法的限制，掌握审判大权。1936 年 10 月，作为国防军司法最高权力机构的国家军事法庭正式成立，海陆空三军也各自设置了军事法庭。战时，德国又在法国、比利时、荷兰、希腊、挪威、乌克兰等占领国和东部、东南部占领地的军事管辖区内设立了军事法庭，国防军司法组织被重新编排。

到 1943 年末，司法组织的基本结构如图 1 所示。

简单来说，国防军最高司令部直接领导国防军法务局，间接统领海陆空三军的司法。国家军事法庭听命于最高司令部总长，主要处理拒绝兵役、战时违抗命令、间谍活动等重大案件。此外，如图中所示，德国作为传统的陆军国家，陆军的司法规模远超海军和空军。在整个国防军内，军事法庭的数量最多时超过千个，司法官则约有两千五百至两千八百人。其中有七百四十二个陆军军事法庭，一千五百八十个陆军司法官，剩余的分属海军和空军。

三军军事法庭的基本结构如图 2 所示。

军事法官和审判官

首先，军事法庭由军事司法官负责管理。这是一个需要专业能力的岗位，出任者必须拥有法律职业资格，且必须是"职位等同于

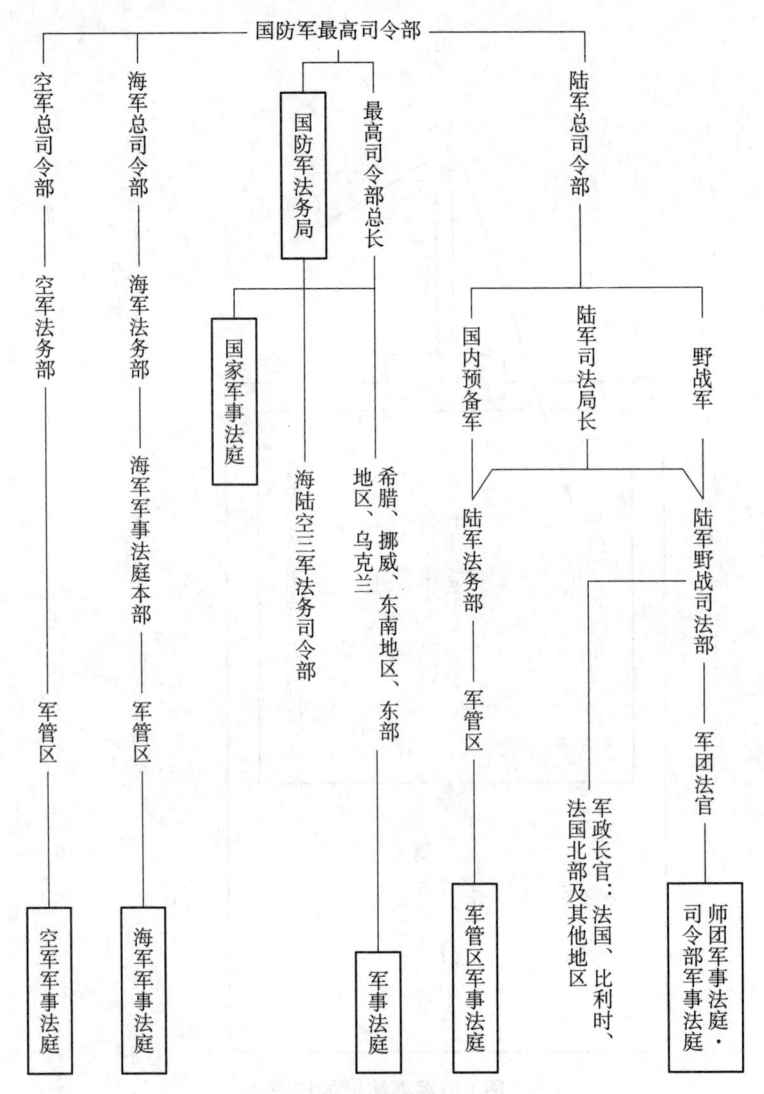

图 1 国防军司法机构概略（1943 年末）

（根据 2008 年曼弗雷德·麦瑟史密特著《国防军司法 1933—1945》的部分内容精简而成）

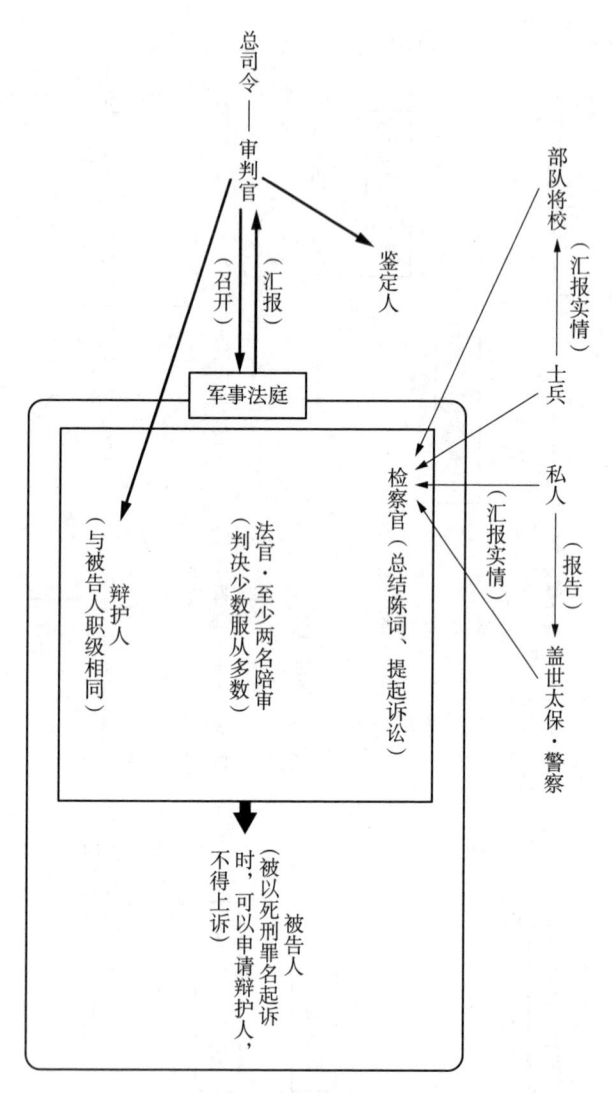

图 2　军事法庭的构成

（根据 1938 年《军队刑事手续规则》和 2010 年阿尔布雷希特·基施纳编《逃兵、国防力量破坏者和法官》制成）

将领的国防军官员"。因为符合条件的将领数量根本满足不了战时的需求,所以很多司法界的其他官员前来顶替。

其次,在国防军的司法体系中,还有审判官这个一般司法中未曾设立的职位。据说这沿袭了普鲁士军队的传统。借助图2来看,①总司令负责任命审判官;②一般来说,陆军的审判官由师团长或军管区司令出任,海军和空军的审判官也是相同级别的高级军官。检察官向审判官上报案件,审判官负责主持军事庭审;③在审判官的安排下,军事司法官出任法官或者负责搜查的检察官(起诉人);④陪审法官(以下简称陪审)一般是几名校官级军人,他们在共同商议下作出判决;⑤审判官只有在处理死刑罪名的起诉时,才会任命辩护人(不需要法律职业资格);⑥判决是否通过取决于审判官。根据案件情况,审判官会委派一个法律职业资格持有人出任鉴定人,就判决结果是否合理提交鉴定书。

军事法庭的审理基本参照以上流程,很多情况下不会安排鉴定人。

从被告人的角度看,审问后不管认不认罪,都无法左右判决结果,也无法上诉,除了口头的最终陈述之外,没有机会为自己辩护。被判重刑后执行与否,完全取决于审判官甚至是总司令。因此,获罪的士兵只有一根救命稻草,即直接请求减刑(特赦)。

但从1940年6月起,战事吃紧的前线开始推行"速判速决",即快速审理案件并简化裁决流程。具体来说,军事司法官不在场时,由中队长代替出任法官。陪审只有一名将领和一名士兵。即使是死刑罪名的起诉,也不会任命辩护人。书面判决书由连队长或者师团长审批通过。这样一来，连请求减刑的机会都没有了。

可见，被告人在审判中处于绝对的劣势。军事司法官也难以保持立场独立，毕竟只有纳粹党的党员或是支持者才能担任此职。此外，元首希特勒拥有超越法律的绝对权力，司法官身为国防军的官吏必须听命于希特勒。军事司法官的使命不是维护正义，而仅仅是依据希特勒的政治主张，解释和执行军法。

即使是国防军司法的最高权力机构国家军事法庭（设立在柏林，1943年迁移至德国东部萨克森州内的托尔高）也不例外（战时未能履行作为中央监督机关的职能）。希特勒本人十分关注军事司法，往往直接向国家军事法庭下达指令以干预司法。这个中央机构由四个刑事部门组成，各部门的法官都是一名亲纳粹的校官级军事司法官，陪审是三名上校及更高军衔的高级军官，还配有检察部（军事司法官二十人），总计一百九十名司法官。国家军事法庭原则上只审判将领及更高军衔的官员的案件，当涉及重要军事事项时，还会充当民族法庭（1934年4月设立）的角色，裁决叛国等重罪。审判官由首席法官担任，但时常会向元首"请求指示"。

国家军事法庭首席法官马克斯·巴斯蒂安将军（摄于1944年左右）〔N. Haase: Das Reichskriegsgericht und der Widerstand gegen die nationalsozialistische Herrschaft, Ged-enkstätte Deutscher Widerstand (Hg.) 1993〕

首席法官马克斯·巴斯蒂安将军（1883—1958）（1939年9月9日至1944年10月在任）在战后辩称国家军事法庭坚持独立裁决并公正执行军法。这绝非实情。关于这一点，我将在后文详细展开。

2 严酷的军法

战时的军法

在开战前一年,即 1938 年的 8 月 17 日,元首希特勒和助手国防军最高司令部总长威廉·凯特尔(1882—1946)(1938 年至 1945 年在任)联名颁布了纳粹军法中最臭名昭著的《战时特别刑法相关命令》以及《军队刑事手续规则》(以下简称"1938 年军法")。

在此之前,希特勒政权已经出台了《1935 年 7 月 16 日军法典》(1872 年军法典的修正版。1940 年,因战时需要被修改为《1940 年 10 月 10 日军法典》并迅速执行),作为全面覆盖各项罪行的国防军处罚规定。

但就"如何防范国内外势力威胁国防力量"这一问题的军法设置上,内阁、司法部和纳粹党几经商议,都迟迟难下定论。直到开战前,在希特勒和陆军的多次催促下才终于成型。之所以耗费这么多时间,是因为这个问题引起了诸多争论,各方意见难以达成一致。纳粹军法中有关"破坏国防力量"这项特殊罪行的规定,便在这样激烈的争论之中诞生了。

1939 年 8 月 26 日,即二战爆发五天前,"1938 年军法"正式起效。据此,军队开始处罚叛国、战时反叛(即在战场上叛国)、间谍活动、破坏国防力量、擅自离队和逃跑、畏战、违抗命令等罪行。

从开战后不久到战败前夕，该军法几经修正，增加了大量内容，包括补充的处罚规定和元首指令。战后，鲁道夫·阿布索伦总结了其中一百二十一条重要军法，发现1872年军法典"（延续了1871年刑法典的精神——对马）建立在制定者的深思熟虑之上"，而纳粹军法"随着战事拉长，野蛮生长，令人触目惊心"。

仅从"1938年军法"的措辞变化中就能看出，军队的纪律日益严苛，刑罚越来越重，在作战地和占领地，定罪范围从士兵扩大到了平民百姓。如果说在一战中，德国的军事法庭还算谨慎稳妥地运用法律，到了二战，如此滥用军法，简直成了"杀人机器"（乌尔里希·赫尔曼）。

德美英法四国在第二次世界大战中实际执行的死刑数量如表2所示，数据同样引自上文麦瑟史密特的研究（《国防军司法1933—1945》，2008年第二版）。此外，根据2002年披露的非官方数据，苏联军在二战中处死了十五万人。

表2　第二次世界大战中各国的死刑执行数

国名	数量
德国（仅陆军）	19600（包含平民）
美国	146
英国	40
法国	102

（出自2008年曼弗雷德·麦瑟史密特著《国防军司法1933—1945》）

显而易见，纳粹军法的执行极度严格。这意味着，军事法庭不再是违法士兵的审判场所，而成了让士兵臣服于恐惧的政治工具。

"破坏国防力量"

"1938年军法"的一大目标是巩固战时的国防实力。早在1934年12月，纳粹政权已制定了《恶意法》，严厉打击被视作"对纳粹体制及领导人不敬""煽动性""想法愚蠢"的言行。为了随时应对作战，并解决"士兵逃走"这个搁置已久的难题，"1938年军法"发明了"破坏国防力量"这条史无前例的罪名。不论在前线还是后方，任何人只要符合该罪名都会面临重罚。"1938年军法"第五条第一、二、三款就"破坏国防力量"规定如下：

一 破坏国防力量者处死刑
1. 公然劝诱、煽动他人拒绝履行德国国防军及同盟国军兵役义务，或公然削弱、瓦解德意志民族及同盟国国民战斗意志。
2. 教唆休假中的士兵及义务服兵役者违抗上级命令、使用暴力、逃跑、擅自离队，或企图扰乱德意志国防军及同盟国军纪律。
3. 以自残或者其他的伪装手段，使自己或他人得以暂停、免除部分或全部的兵役任务。
二 罪行较轻者处长期及中短期有期徒刑。
三 判处死刑及长期有期徒刑的情形，可加重刑罚，甚至没收财产。

（鲁道夫·阿布索伦《第二次世界大战国防军刑法》，1958年）

1940年4月2日，国家军事法庭甚至判定第一条第一款中的"公然"二字包括所有"私人谈话"。"怕是打不赢了"这种对纳粹德国"最终胜利"的质疑自不必说，对政治的随口议论都被禁止。

可见，个人的基本观念和想法被全面管治。在前线，军队一方面强调"战友情"，另一方面规定士兵告发违法行为（汇报）的义务。而在后方，纳粹奖励秘密告发邻居甚至亲人的行为，使"破坏国防力量"的这些规定威力无限（甚至有这样的悲惨事例：希特勒青年团成员的儿子举报父亲说希特勒坏话，导致父亲死在了集中营）。正因如此，这些规定被称为"针对个人气节的恐怖主义"（诺贝特·哈泽）。

如此任意扩大军法的效力范围，就是为了压制一切反军队和反纳粹的言行。这可以追溯到希特勒及纳粹高层在第一次世界大战中留下的心理阴影。为了打赢二战，他们不能让"刀刺在背"再次发生。

国防军司法的惩治对象从士兵扩大到了全体国民。民族法庭（因"嗜血法官"罗兰德·弗莱斯勒［1893—1945］而臭名昭著）借盖世太保之手，严惩叛国等政治罪行，下级的七十四个特别法庭也协助制裁反纳粹言行。到纳粹德国土崩瓦解时，超过一万六千人被民族法庭和特别法庭判处死刑。他们的罪名也包括由国防军司法在战时规定的"破坏国防力量"。到二战结束，至少有三万人被这条罪名定罪。死刑判决和实际执行的数量不详，但仅在1941年下半年，就有八百十一人被定罪，四十七人被判死刑。

拒服兵役的"耶和华见证人"

国家军事法庭大肆滥用"破坏国防力量"这个罪名，以下有两个实例。

第一个例子发生在"耶和华见证人"（又名"守望台"）的教徒身上。

因拒绝弃教而被处刑的"耶和华见证人"信徒约翰内斯·赫尔姆斯（1910—1941）（摄于1939年左右）(Das Reichskriegsgericht und der Widerstand gegen die nationalsozialistische Herrschaft)

"耶和华见证人"是基督教新兴教派，19世纪70年代在美国创立，被誉为"虔诚的《圣经》研究者"，基督教主流派视其为异端。纳粹当局始终严厉打压"耶和华见证人"，因为教徒以信仰为理由坚决拒服兵役。

"耶和华见证人"的教义认为，"一切战争都是魔鬼暗中支配人间的证据"，服兵役是对基督教信仰的全面否定。对于一个信仰纳粹的国家来说，坚守教义的教徒是水火不容的敌人。依据"1938年军法"第五条第一款第三项规定，拒服兵役属于破坏国防力量的违法行为。

这个新教派遭受的压迫一直鲜为人知，是历史学家德特勒夫·加尔贝揭开了这段过往。他的研究发现，纳粹政权刚上台不久，就全面禁止"耶和华见证人"，强制教徒子弟退学。接着，《国防法》出台，义务征兵制恢复。特别法庭判定"耶和华见证人"为"狂热宗教组织"，下令逮捕全国范围内的教徒并没收他们的财产。1933年年初，德国约有两万五千至三万名教徒（约占全国人口的百分之零点零四）。其中有很多人被迫移居国外，或是躲藏入地下，约有包含女性在内的一万人被送进监狱和集中营。即使压迫如此残酷，他们也没有弃教。

纳粹恢复后的义务征兵制规定，没有人可以因良心不安或违背宗教信仰而成为例外。1940年10月，在战时出台的军法典（第四十八条）也明文规定了这一点。因为纳粹认为，"民族共同体"至高无上，服兵役就是向民族和展现民族意志的元首希特勒表示忠诚。在这一点上，英美两国与德国有着根本性的差异。以第一次世界大战为契机，美国和英国准许了贵格会和门诺派宣扬非暴力与和平主义的运动，并推出了免除兵役和以社会服务代替兵役的相关规定。

国家军事法庭的四个刑事部门共同审理了"耶和华见证人"教徒的案件，并判处重罪。判决与检察部的起诉意见基本一致："这些顽固信仰犯（《圣经》研究者）的行为导致拒服兵役的人数增加，影响恶劣。"在二战中，被监禁而最终死去的教徒约有一千八百人，其中死刑判决数量不详。但从1939年8月26日至1940年9月30日，就有一百十二人被处死。仅在1939年11月，就有十三人被判死刑，十二人被处死。

加尔贝在研究中介绍了最高司令部总长威廉·凯特尔的秘密记录（1939年12月1日）。原来，凯特尔作为国家军事法庭首席法官巴斯蒂安的上司，曾就此次判决及今后的处置寻求希特勒的意见。希特勒告诉他："就波兰一个地方，就死了一千多个士兵，几千人重伤。这群读《圣经》的还不肯服兵役，不用跟他们手下留情。"

有了希特勒的这条指示后，镇压范围大幅扩大，甚至被占领国的教徒也遭到迫害。在战后的1945年至1946年，足足有两万三千名宗教相关人士提交了作为纳粹受害者及其家属的身份证明。

在谈起这些信仰坚定、反抗兵役的教徒时，人们常常会提到认信教会（福音教会的一派，反对纳粹宗教政策）的教徒赫尔曼·施特尔（1898—1940）和天主教神父弗朗茨·赖尼施（1903—1942）等名人。这也是因为新教和天主教教徒原则上可以自行决定是否参战，使他们的选择更加令人敬佩。

宪法学学者施特尔是一名和平主义者，反对纳粹的宗教政策，主张和犹太人团结一致，共同行动。他因拒服兵役被海军军事法庭判罪，监禁于军事监狱。他始终秉持良知，拒不服从。最后，国家军事法庭宣判施特尔死罪，在柏林的普勒岑湖监狱被执行了死刑。神父赖尼施也是纳粹主义及其宗教政策的反对者，因此被纳粹禁止传教，而后因拒绝1942年的征召令，拒不向军旗宣誓，被国家军事法庭以破坏国防力量罪宣告死刑，在勃兰登堡监狱被处死。两人都是名副其实的殉教者。

另一方面，我们也应当记住，像"耶和华见证人"这样的小型教会，从一开始就遭到纳粹的全面压制，教徒受尽迫害，连教会本身都濒临破灭。他们也是恪守良知、反抗兵役的典范。

"红色交响乐团"

"红色交响乐团"是国家军事法庭滥用破坏国防力量罪名的另一个例子。

近年来，这个草根组织逐渐被人知晓。它吸收了社会各阶层的反纳粹市民，还包括大量女性（原因之一是大多数男性都上了前线）及休假士兵。多数成员只是普通过日子的无名之辈，但他们没有对犹太人遭受的迫害坐视不理，并敢于反抗战争。盖世太保把这个组织视作苏联的间谍网，从1942年8月至1943年3月，秘密逮捕了其一百三十名成员，交由国家军事法庭发落。

一开始，盖世太保是在追查一个社会主义反纳粹团体，为首的经济学家阿尔维特·哈纳克（1901—1942）和航空部官员兼空军中尉哈罗赫·舒尔策-博伊森（1909—1942）试图和苏联取得联络。

在此过程中，盖世太保发现与他们密切交往的"红色交响乐团"积极组织地下活动（救助受迫害的犹太人，张贴反战标语）。军事法庭不惜以叛国罪审判"红色交响乐团"，主要成员中有四十九人被判死刑，其余的人也被判重罪。关于此次审判，我必须指出两个事实。

首先，希特勒不允许特赦犯人，他逐条检查判决书的内容，一旦认为判得不够，就会当场推翻。米尔德里德·哈纳克的遭遇就是一个典型例子。

负责审理此案的第二刑事部门以叛国罪和间谍罪判处哈纳克死刑。妻子米尔德里德·哈纳克是一位美国的文学家，她从未参与丈夫的犯罪活动。但法庭依旧视她为从犯，判处六年有期徒刑。希特勒认为判得太轻，当场否决，并把米尔德里德·哈纳克的案件交给别的刑事部门重新审理。最终，第三刑事部门判下了死刑。重新审理的记录并没有保存下来。丈夫在柏林的普勒岑湖监狱被执行死刑，两个月后，米尔德里德也被处死（德意志反抗纪念馆编《反抗国家军事法庭和纳粹统治》特别展资料，1993年）。

另一个事实是，军事法庭依据纳粹的反斯拉夫政策，把斯拉夫人视作"劣等民族"，作出毫不留情的判决。

1923年8月7日，里涅伊·伯科威茨出生在柏林。她是家里的独生女，在医疗体操专业学校读书。父母都从事音乐，因俄国革命逃至德国。十九岁时，里涅伊与比她大两岁的同学弗里德里希·勒默尔定下了婚约。受未婚夫的邀请，里涅伊也开始一起张贴反纳粹标语。借此，她抗议父母的祖国俄国被全盘否定为"布尔什维克苏联"，呼吁德国人不要以偏概全，谩骂所有俄国人。这样的行为完

21

全出自纯粹的爱国之心，但也遭到定罪。1942年9月，二人被逮捕，而里涅伊已怀有三个月身孕。即将入伍的勒默尔被以准战时反叛罪判处死刑，里涅伊也同样被判死刑，罪名是协助罪犯和通敌。法庭还认定他们都犯了破坏国防力量罪。

1943年4月12日，这两个年轻人的孩子伊琳娜·伯科威茨出世。四个月后的8月5日，里涅伊在普勒岑湖监狱被行刑。勒默尔的行刑日是在这之前的5月13日。里涅伊把还在喝奶的伊琳娜交托给了母亲。但没多久，孩子就从外婆身边被抓走，送到了库尔马克的一家纳粹医院。10月16日，伊琳娜突然死去，死因不明。里涅伊在行刑前交给母亲的信中写道："我的宝贝伊琳娜，她是我的慰藉和希望。（略）求求你了，我的母亲，请健康地活下去，帮我养大这个摇篮里的孩子。"（德意志反抗纪念馆编《反抗国家军事法庭和纳粹统治》特别展资料，1993年；斯特凡·罗洛夫《红色交响乐团》，2002年）

多么令人心痛的悲剧。

平民女性路易丝·吕尔斯

我还想补充一个关于路易丝·吕尔斯（1913—2000）的故事，她也因破坏国防力量而被判死刑。但她侥幸活了下来，成为唯一一名协助路德维希·鲍曼的女性，帮助被纳粹军法定罪的人复权。

1913年8月13日，路易丝出生在德国的中西部城市帕德博恩，父亲是警官格贝尔斯曼。十四岁时从国民学校①毕业，成了一名家

---

① 国民学校是德国当时的初等教育机构。四年制，是八年制普及义务教育的第二阶段。

政妇。十九岁同机械工奥滕结婚，诞下一子。婚后，路易丝一直担任不来梅市路面电车的乘务员。1942年夏天，路易丝离婚，同年11月，她应征加入了空军的后勤工作。1943年8月，路易丝成为了餐饮部门的炊事员，她工作勤勉，声誉良好。

路易丝·吕尔斯（U. Baumann/M. Koch: » Was damals Recht war… « — Soldaten und Zivilisten vor Gerichten der Wehrmacht, 2008)

1944年7月21日上午8点，广播开始反复播报前一天希特勒遭炸弹暗杀的新闻，即施陶芬贝格上校策划实施的"7月20日密谋案"破败。正在擦洗灶台砖的路易丝听到这个消息后感叹道："太可惜了，不然战争就能结束，我们就能过上太平日子了。如果我是个军官，肯定也会参加。"虽然遭到了其他女同事的指责，但路易丝继续说道："发起暗杀的军官没做错，他们都是为了自由而战的勇士。"这些话马上被报告给了部门领导，路易丝当天就被拘留。25日，空军第二战斗师团军事法庭在不来梅开庭审理此案，三十分钟后宣告次日公布判决。

即使有辩护人和鉴定人在场，法庭还是宣判了死刑，罪名是"破坏国防力量"，也就是触犯了"1938年军法"的第五条第一款第一项（"公然削弱德意志民族（略）的战斗意志"）。虽然被告人路易丝极力主张自己被"误解"了，但两名同事证实，她向来"不认可军队的反犹太措施"。最终，法庭认为路易丝"在政治上罪大恶极"，作出了死刑的判决。

路易丝·吕尔斯作为死刑犯转移到了不来梅监狱，每天都担心着十一岁的儿子。妹妹多次向空军总司令戈林元帅寄信请求特赦。两个月后，也就是1944年9月30日，减刑请求终于被受理，由死刑改为了十年有期徒刑。11月末，路易丝被转移到吕贝克女子监狱，在女性看守的准许下，终于得以和家人通信。1945年5月13日，获盟军解放。（社团法人不来梅"格奥尔格·埃尔泽运动'破坏国防力量'——路易丝·奥滕的事迹"2009年展示会资料）

国家军事法庭和战时反叛

路易丝·吕尔斯的死刑判决出自空军的军事法庭。事实上，只要是涉及破坏国防力量的罪行，海陆空三军的军事法庭都会从严审判。这条方针被视作希特勒的旨意，率先执行的正是国家军事法庭。可见，巴斯蒂安首席法官在战后辩称法官们独立行事并抱着对纳粹主义的怀疑态度审理案件，根本就是一派胡言。下一章我将详细介绍，不只巴斯蒂安，所有的军事司法官都试图用这种说辞为自己脱罪。

除了拒服兵役、叛国、信奉共产主义，国家军事法庭优先处理的罪行还有"战时反叛"，即"在战场上叛国和通敌的行为"。虽然自《德意志帝国军法典》以来，对"战时反叛"的处罚就有了明文规定，但到纳粹军法时，相关条文已超乎常理，处罚力度更是触目惊心。

直到21世纪，世人才知晓了纳粹残酷镇压战时反叛的真相。这一点，我将留到最后一章详细展开。不过算是为下文埋下伏笔，在此我将介绍其中一个有关上等兵约翰·卢卡舍维茨（1919—1944）的事例。幸存者鲍曼之所以开展复权运动，正是因为遇见了卢卡舍维茨这位青年士兵，他的死亡让鲍曼受到了巨大的震撼。

"自由德国国民委员会"和第二一六突击战车大队

1943年10月，德军在苏德战场上已颓势尽显。在前线扎波罗热州（现属乌克兰），第二一六突击战车大队的年轻士兵纷纷陷入愤怒和绝望之中。历经斯大林格勒战役后，战车大队节节败退，所属部队又指挥不当，许多战友因此丧命。年轻士兵们总会喝得酩酊大醉，痛骂上级，把军队的纪律置之脑后。

他们中的一等兵胡戈·鲁夫和高级上等兵马丁·韦伯曾在1943年的夏天计划成立军中的"劳兵评议会"（劳动者和士兵的权力组织，发明于德国十一月革命）。几天后，两人又在酒席上给其他同伴传阅一张传单。传单来自"自由德国国民委员会"，内容是呼吁"东部战线的德军部队早日投降"。

当时，苏德战争中的德国俘虏和逃亡的德国共产党员已经成立了"自由德国国民委员会"。此外，向苏军投降的炮兵上将瓦尔特·冯·赛德利茨-库尔茨巴赫（1888—1976）等人成立的"德意志将校同盟"也加入其中。名为"自由德国"的反希特勒传单在前线广为流传。年轻士兵们传阅的正是其中一张。鲁夫和韦伯在酒席上提议，响应传单上的呼吁，成立"劳兵评议会"。这吸引了同伴们的兴趣，大家纷纷表示支持。他们的赞成是否发自真心，我们无从得知。毕竟，后来并没有人付诸行动。

但到了12月，宪兵队开始调查这件事并逮捕了十七人。上等兵约翰·卢卡舍维茨也在其中。此案交由迁到了德国东部城市托尔高的国家军事法庭审理。在第二刑事部长维尔纳·吕本（1894—1944）中校的裁决下，有两人脱罪，十一人被判死刑。鲁夫和韦伯被定罪为战时反叛、叛国和破坏国防力量，分别在 12 月 22 日和次年 1 月 29 日被判死刑，审判官也没有对此提出异议。

战时反叛者卢卡舍维茨和国家军事法庭法官吕本

问题在于上等兵卢卡舍维茨。他虽然属于同一部队，但并没有参与酒席上的骚乱，只是事后从韦伯处听说了当日的情形。之所以被定罪，仅仅是因为没有上报此事。

他短暂的一生是这样度过的。

1919 年 9 月 25 日，卢卡舍维茨出生在奥地利。父亲是社会民主劳动党维也纳地区的干部弗朗茨·卢卡舍维茨。毕业于当地的国民学校后，他以园艺为业，业余学习插画。1939 年 6 月应征入伍。1943 年 5 月被分配到第二一六突击战车大队。被逮捕时二十四岁，家中有妻子丽塔和一个孩子。

约翰·卢卡舍维茨（左图）、持枪的士兵卢卡舍维茨（右图） （Lars G. Petersson: Hitler's deserters, 2013）

根据判决记录，卢卡舍维茨作为一名士兵的表现相当差。军队批评他自以为是，没礼貌，毫无奋勇出击的勇气。因对上级态度不恭，共接受过六次惩戒。此外，到十四岁（1933年）为止，卢卡舍维茨都是"马克思主义青年组织""红鹰"的一员，二十岁以后才加入纳粹党突击队。

纳粹领导层对"刀刺在背"再次发生的恐惧决定了此次审理的方针。法庭认为，鲁夫等人的言行是政治性的，绝不只是年轻人发泄不满。他们响应冯·赛德利茨-库尔茨巴赫将军（1944年4月在缺席审判中被判死刑）等人的号召，犯下战时反叛的罪行，必须严惩。1944年2月3日，法庭宣布，卢卡舍维茨等六名被告人"曾参与反法西斯斗争联盟，试图在军队中散布该组织的斗争方针"，因此必须把他们"逐出战斗民族共同体"。

针对卢卡舍维茨本人的判决理由如下：

> 在军队中态度蛮横，表现奇差，是个不合格的士兵。此外，对高级上等兵韦伯等人的违法行为知情不报（1940年10月出台的军法典第六十条："不汇报、不告发战时反叛行为"）。仅凭此罪行就足以严惩该被告人。

> 就这样，卢卡舍维茨也被判了死刑。八天后的2月11日，在哈雷被行刑。（沃尔弗拉姆·韦特、德特勒夫·福格尔编《最后的禁忌——纳粹军事司法和"战时反叛"》，2007年）

就在行刑的前几天，鲍曼在托尔高军事监狱野战医院结识了生命即将走向尽头的卢卡舍维茨。

这之后的7月28日，给卢卡舍维茨定罪的法官吕本在托尔高的办公室内用手枪自杀。自杀的原因众说纷纭，有说害怕被人发现自己也参与了"7月20日密谋案"，有说苦恼于不得不处死三名天

27

主教神父和当地居民，有说自责于已经处死了一百多人。唯一确定的是，在二战期间，自杀的军事司法官不止吕本一个。

后来，在鲍曼等人为复权运动奔波时，一位住在德国北部城市吕贝克的老妇人也挺身而出。她就是在十六岁时失去父亲吕本的伊姆加德·吉娜。但她鼓起勇气，诚实面对了父亲作为军事司法官的所作所为。

判处卢卡舍维茨死刑的维尔纳·吕本（摄于1940年左右）（»Was damals Recht war... «）

严惩逃兵

在平民士兵应征入伍后发生的违法行为中，占压倒性多数的就是逃跑。本章开头提到，希特勒尤其鼓吹对逃兵施加严刑峻法，其实也侧面证实了这一现象。

顾名思义，逃跑是指离开部队、不再返回。在纳粹德国，逃跑已不单单是违纪行为。逃兵不只背叛国家，还破坏了民族共同体利益高于一切的纳粹道德准则，实属罪大恶极。

上述"1938年军法"在规定了破坏国防力量的罪名后，紧接着的第六条便是严惩"擅自离队·逃跑"。具体来说，不管什么理由，只要擅自离队的时间超过一天，就必须接受处罚；超过三天，将被拘禁一年至十年。由于纳粹士兵在休假和暂时返乡期间都必须穿着军装，逃跑的士兵一旦脱下军装，原则上将处死刑。希特勒一方面指示司法官要探查年轻士兵逃跑的动机，另一方面又提出，

"胆小怕事、担心自身安危"而逃跑的，或是逃到国外的，就应当判处死刑（1940年4月14日）。

纳粹如此严厉打击逃跑行为，逃兵自然也成了军事法庭最主要的处罚对象。针对逃兵的判决书中一定写着这句话：作为一名德国士兵，绝不应该犯下逃跑这种恶劣无耻的罪行。

到二战末期，军队中的违法行为几乎都是逃跑，纳粹采取了残酷至极的处罚手段。根据"就地速判速决"的规定，连队长有权"在部队面前立即执行死刑"，即使逃跑的是一个将领（国防军最高司令部总长凯特尔元帅在1945年1月28日下达的命令）。到1945年3月，希特勒甚至下令对逃兵的家属追究连带责任。

由此，最终海陆空三军合计至少三万五千人被判死刑，两万两千至两万四千人被处刑，远远高于英法为主的同盟国军。在二战末期的东部战线上，德军全面溃败，军中厌战情绪高涨，又恐惧苏联红军的报复，导致大量士兵出逃，行刑人数也随之激增。比如，从1944年7月至11月，就执行了两千五百二十四起死刑。

军事司法官埃里克·施温格

埃里克·施温格（1903—1994）主持设立了如此严酷的纳粹军法，并参与编写了军事司法官们奉为圭臬的《军法典注释书》。这本注释书在1944年就重印了六次，可见对当时的军事司法官影响巨大。战后，施温格作为军事司法的权威，声名远播。他坚持认为，鲍曼等幸存下来的逃兵仍然应当被视作罪犯。战争初期，施温格是马尔堡大学的青年刑法教授，后成为维也纳大学的教授并兼任陆军第一七七师团的军事司法官，共判处十六人死刑。

以下这个例子足见施温格在审判中的残酷无情。

身兼军事司法官和维也纳大学教授时期的埃里克·施温格（»Was damals Recht war... «)

1944 年 8 月 15 日，应国防军末期的征兵令，十七岁的安东·莱施尼在维也纳入伍成为少年兵。但入伍还不到两周，就在 8 月 28 日被逮捕。原来，维也纳街头遭到轰炸后，莱施尼和战友志愿加入了被炸建筑的清扫工作，防止火势蔓延。工作期间，他在倒塌的居民楼内捡到两个手表和装有五十九马克的钱包，接着又在马路上发现了戒指和皮夹。他没有上报，偷藏了起来。结果，这件事被告发，莱施尼的行为被当作恶意利用战时特殊情况，罪加一等。在 9 月 14 日的公开审理中，辩护人提出，考虑到被告人年少，且刚刚入伍，不熟悉军纪军法，希望法庭对他宽大处理。莱施尼本来也以为，按《少年法院法》(1943)，法院最多以偷窃的罪名判自己十年有期徒刑。没想到，法官为了重振军队士气，压制厌战情绪，坚持要对莱施尼施以重刑。

少年兵莱施尼大为错愕。法官施温格竟然宣布，莱施尼的行为不是"侵占遗失物"，并援引 1940 年 10 月出台的军法典（第一百二十九条），把他定罪为"掠夺他人财产"，判处死刑。莱施尼随即提交了特赦请愿书。约四个月后，预备集团军司令、审判官海因里希·希姆莱在 1945 年 1 月 8 日把死刑改为了十五年有期徒刑，他认为"这样的判决无法重振军队士气、压制厌战情绪"（斯特凡·拜尔《批判性司法》第二十一卷第三号"军事司法官施温格博士的死刑判决",1988年收录)。

施温格的军法观

施温格是一个彻头彻尾的纳粹主义者。他把"绝对服从军纪"奉为军队的首要原则。在施温格看来,只有缺乏毅力、逃避斗争的"精神病患"和"无能的人"才会违反军纪,尤其是逃跑、称病和违抗命令;大多数逃兵都是"潜在的罪犯""军队的害虫",他们道德水平低下、具有"反社会人格",无法融入像军队这样重视秩序、人人肩负重任的组织。为了确保军队的绝对忠诚,提高作战水平,应该尽早把这些不合格的人隔离出去,送进惩戒部队,让他们在最前线挡住敌人的枪炮。施温格的这番说辞成了纳粹把逃兵当作民族共同体的"有害物"驱逐出去的理由。

此外,在战地同生共死的"战友意识"被纳粹鼓吹为"民族共同体的精髓"。逃兵向来就被看作"胆小无能""贪生怕死",现在又被安上"背弃战友"的罪名,一下子成了德国人眼中最为卑劣的罪犯。正因如此,即使到了战后的20世纪80年代,幸存下来的逃兵依旧被经历过战争的德国男性所不齿。

逃兵在死后也难逃这种恶意贬低的折磨。根据施温格的《军法典注释书》,逃兵的死刑必须被秘密执行,军队不会通知家属,也不会举办丧礼,仿佛他们从未来过这个世界。因此,即使有知情的家属想要把遗体搬回故乡安葬,当局也迟迟不予批准。

撇开因盗窃、暴行和杀人等一般犯罪而逃跑的士兵不谈,逃跑的动机纷繁复杂,很难全都定性为施温格所说的无能、怕死、胆小。相当多的士兵出于别的动机、在战场以外的地方逃跑。比如,在休假、返乡期间逃跑（这种情况占了大多数），在住院期间逃跑，从战争区域以外的占领地逃跑，出于厌战情绪而逃跑，出于对战争的绝望而逃跑，甚至是因为接触了敌国的百姓出于恻隐之心而逃跑。

逃兵斯特凡·汉佩尔的战时反叛

如上文所述，逃跑的动机无法一概而论。斯特凡·汉佩尔（1918—1998）就是一个实例。他在逃跑后投身民间反抗组织，晚年参与了鲍曼等人的复权运动。

汉佩尔的青年时期大致是这样度过的。1918年11月23日，他出生于立陶宛的维尔纽斯。父亲是德国人，是一名高级警官，母亲是波兰人，来自地主家庭。父母离婚后，到九岁为止，他在父亲的德国和母亲的波兰轮流生活。1927年，在父亲的故乡格莱维茨（现属波兰，改名为格利维采）进入当地的高级文理中学学习。后因与继母不和而中途退学，搬到母亲身边生活。经过特别考试的选拔，1938年11月考入柏林的私立德意志政治大学，由于得不到父亲的资助，一年后退学。1939年5月，因批评党卫队的优等种族至上主义而被盖世太保逮捕。1940年5月从拘留所释放。

同年9月初他应征入伍，被分配到东普鲁士军队。得知住在格罗德诺（当时属于波兰，现属白俄罗斯）的母亲、叔母、伯父都被苏联情报机构强行带走后，1942年5月，汉佩尔利用假期来到当地搜寻母亲的下落。途中，在格罗德诺东北方向约七十公里的村落瓦西里斯基，他目睹了由警察队和党卫队组成的特别行动队屠杀大量犹太人的经过。

汉佩尔从年少起就对这片被德军占领的区域十分熟悉，有相识的人，也知道这里有很多犹太人居住区。1942年5月上旬，"杀人部队"在射杀完附近村落的犹太人后来到此地，在瓦西里斯基又屠杀了两千名犹太人，包括手抱婴儿的母亲和老人。汉佩尔恰好成了目击者。后来，他被逮捕接受审讯时，将此事记录在了自述文书中（1943年5月11日手记）。汉佩尔在记录中写到，现场估计有两千名受害者，这与后来经调查确认的数字基本一致。这份手写的自述文书成为了记录大屠杀的历史资料，被珍藏在托尔高的萨克森追悼纪念馆，以示后人。

斯特凡·汉佩尔（摄于1940年）(Hitler's deserters)

  自述中记录了惨绝人寰的屠杀细节，本书在此不再展开描述。我想强调的是，那一刻受到的冲击改变了汉佩尔的一生，使他下定决心逃离军队。当时，两名年轻犹太女性在临死前，惊呼眼前这个身穿军装的人竟是汉佩尔，把他也当作了"杀人部队"的一员。在之后的几十年内，汉佩尔常常会回想起那些手无寸铁的村民在毫无防备的情况下被肆意屠杀，而他们还是自己的相识，这成了折磨他一生的噩梦。

1942年6月9日,汉佩尔申请了两天特别假期,回到格罗德诺,在森林里烧了军装,换上在母亲家里找到的便服。漫无目的地游荡了一段时间后,结识了由波兰人和立陶宛人组成的游击队。彼此取得信任后,汉佩尔加入了游击队的地下活动,帮助藏匿逃亡的苏军俘虏和犹太人。据汉佩尔在战后回忆,接下来的一个多月里,他和同伴们靠少量的粮食度日,在德军的追捕下辗转于多地,每一天都处于极度的紧张和兴奋状态中。

1943年4月末,汉佩尔和同伴们商议后决定,要把纳粹在东部地区的恶行公告天下。于是,为了前往红十字国际委员会总部,他独自登上了开向瑞士日内瓦的列车。5月7日,由于他穿着的列车员制服上印有的信息和伪造的身份证明不一致,在靠近瑞士国境的弗莱堡被逮捕。8月11日,在柏林,负责东部地区事务的军事法庭宣布以逃兵罪判处汉佩尔死刑。而后,加入游击队的事败露,他的罪名又加上了通敌和战时反叛(无法申请减刑),被移交至国家军事法庭。本以为这下难逃一死,没想到事情出现了转机。

汉佩尔获得了减刑。他的伯父和他一起提交了特赦请愿书。此外,有一位医师从他手写的自述文书中得知,他之所以逃走,是因为亲眼看见了犹太人被屠杀。该医师提议,应当给他改过自新的机会。于是,1944年7月27日,判决由死刑改为十五年有期徒刑。但对他的惩罚并没有止步于此。11月,汉佩尔被移交至托尔高的军事监狱,加入了惩戒部队"第五百缓刑大队",队员都是尚具战斗力的年轻逃兵。他在惩戒部队里大难不死,后被苏军俘虏,又再次逃脱。1946年12月,经由维也纳返回柏林(奥列辛斯基·沃尔夫冈《屠杀犹太人的目击者做了逃兵——二等兵斯特凡·汉佩尔》;

沃尔弗拉姆·韦特编《市民勇气》，2004年收录）。

上文介绍了几位战后与鲍曼有所关联的人物，从他们的定罪过程中我们可以看到纳粹军事司法的运作过程。本章最后的部分将更详细地介绍逃兵路德维希·鲍曼本人的经历。内容主要参考扬·科尔特对鲍曼的采访记录（科尔特、海利希编《战时反叛》，2011年收录）和鲍曼本人的自传（《问心无愧》，2014年，以下简称《自传》）。

3 幸存的逃兵路德维希·鲍曼

鲍曼对纳粹的不满和入伍经历

1941年2月6日,距离苏德战争爆发还有四个多月。十九岁的鲍曼应征入伍,加入海军。此时的纳粹德国势如破竹,在战场上占尽了优势。从1939年9月1日开战伊始,四周内就攻下波兰,第二年6月还打败了法国。在鲍曼入伍的1941年初,国防军节节胜利,以雷霆之势席卷欧洲,德国陷入一片狂热。

刚刚从军的鲍曼如何看待当时的局势呢?和同龄人一样崇拜希特勒、信仰纳粹思想吗?

鲍曼选择了与之对立。1921年12月13日,他出生于德国北部的汉堡,没有兄弟,只有一个姐姐。父亲奥托是这个港口城市的烟草商,经营规模相当可观。鲍曼十一岁时,纳粹党成为德国执政党。在他的青少年时期,纳粹体制逐步成型并强化。回忆起这段时期,他说道:

> 希特勒总在广播里叫嚣为了德国必须扩大东部生存空间。但我不由得疑惑,那些地方的居民怎么办呢,他们非得被赶走吗?我还记得,在"人种学"的课上,我只是小声说了句:"明明有的是比我们优秀的犹太人,为什么说他们是劣等人种呢?"朋友马上出言阻止,让我别再说这种话。当然,那时候的我还不了解纳粹。十五岁时,我被

强制要求加入希特勒青年团，我坚决不同意。我之所以反抗，是因为无法忍受一味服从命令。从始至终，我都没有加入任何纳粹组织。（引自采访和《自传》）

下一章将着重介绍鲍曼的青少年时期。如鲍曼所说，他的思想与态度和当时狂热追捧希特勒的社会主流格格不入。虽然人数很少，但当时确实有一批反感纳粹强权体制、绝不顺从的青少年。尤其在战时的各大城市，青少年自发形成反抗组织，其中代表性的有"雪绒花海盗团"。这个组织的成员拒绝加入希特勒青年团，多次发起反纳粹行动，连盖世太保都对他们束手无策。

鲍曼从十五岁起就反感纳粹，这出自少年的天性。他的选择比任何同龄人都早，但他毅然决然要做一个孤独的反对者。正因如此，即使征召令迫在眉睫，他不可能也不愿意成为国防军期望的"政治士兵"。

接到入伍通知时，鲍曼正在汉堡工业职业学校学习预备课程。入伍后，在比利时接受新兵训练。第一天就和上司起了冲突，因为他不愿意服从军中的"规矩"，擦洗下级军官长靴和武装带。就算上级处罚他在泥地里匍匐前进、通宵站岗，他也始终没有屈服。

几周后，鲍曼被分配到法国被占地波尔多的海湾中队。和精锐部队不同，这支军队里的士兵都是差等生。全员共二十五人，主要负责看守藏有从法国各地搜刮来的粮食、石油、武器、绒毯、艺术品和家具的仓库并巡逻海湾，因此丝毫没有前线作战的那种紧张气氛。这些德国士兵在街头悠闲地喝咖啡，饮食无忧，每天甚至还能喝上一升红酒。不过，盟军封锁了大西洋沿岸，所以他们不得不提防盘旋在占领地上空随时准备袭击的英国空军。此外，在海湾工作的法国人里可能也混有民间反抗组织的成员。

同乡的战友库尔特·奥尔登堡

在这个海湾中队，鲍曼结识了同为一等水兵的库尔特·奥尔登堡（1922年2月19日—1945年［月日不详］）。此后，两人迎来了相似的命运。库尔特只比鲍曼小两个月，同样来自汉堡。他的家在东北部的万茨贝克，鲍曼则是市中心的艾姆斯比特尔区。鲍曼甚至对库尔特住的街道都很熟悉。

库尔特从国民学校毕业后，因为喜欢坐船出行，所以进了船员学校。1940年6月10日入伍。和鲍曼一样，他也讨厌纳粹。汉堡是一个港口贸易发达的大城市，在这里的成长经历使他们感受到不同的国家之间紧密相连，未知的世界令人向往。即使是在波尔多，这样的憧憬依然没有改变。

然而他们的梦想被希特勒的这场战争彻底摧毁了。正因如此，他们才越发疑惑，德国到底在为什么而战？两个普普通通的青年，没有很高的学历，也不是天生观察力出众，但他们从一开始就敢质疑纳粹思想，进而怀疑战争的合理性。所以他们打心底厌恶海湾中队的任务，愤懑于怎么偏偏轮到自己负责看管国防军从法国人手里抢来的战利品。

现代史学家德特勒夫·加尔贝证实，库尔特在两年内就因违反军纪被关过六次禁闭。还如此年轻的两个人，面对在海湾工作的法国人，既没有露出敌意，也没有摆出胜利者居高临下的姿态，而是向他们

库尔特·奥尔登堡
（Hitler's deserters）

敞开了心扉。其中几个会说德语的劳工和消防员甚至放下戒备，和二人成了聊得来的朋友。

逃跑和失败

被分配到海湾中队后，鲍曼和库尔特在休息日还可以到德国士兵专用的影院看好莱坞电影。不过，看电影是有条件的。进入二战后，在放映电影之前，影院必须先播放由纳粹制作的新闻报道《德国周刊新闻》，观众也必须观看。这条规定不只适用于德国国内，在占领地波尔多也是如此。

1942 年初播放的新闻给了二人巨大的冲击。早在前一年的 6 月，德国已入侵苏联（代号为"巴巴罗萨计划"）。德军势如破竹，迅速兵临莫斯科。他们俩观看的正是关于去年战胜布尔什维克的新闻报道。画面中，无数苏军俘虏被圈禁在由铁丝网包围起来的空地上。

东部战线的冬天来得很早，又是极度的严寒，气温最低可达零下三十五度。如果没有御寒的冬衣，活活冻死都不稀奇。鲍曼和库尔特也深知这一点。德军有家里寄来的大捆防寒衣物，俘虏则只能穿满是破洞的单衣，在广阔的平原上被圈禁在铁丝网内。他们俩问彼此，这是他们能够承受的吗？那些俘虏全都会冻死、饿死。实际上，这正是国防军的"饥饿作战"，他们打算让那三百万俘虏活活饿死、病死。不只俘虏，还有远超这个人数的普通市民也因此惨死。

二人明白了，这场战争就是犯罪，他们不能做帮凶。鲍曼写道："我不想杀人，我想平凡地活着，我要逃走，我要自由！"无疑，这样的情感在纳粹眼里是懦弱、毫无毅力。不如说，与纳粹国防军希望塑造的"政治士兵"正好相反,二人有这样的觉悟,需要的是作为人的勇气。鲍曼提议一起逃跑,库尔特当即同意。

他们一开始就知道逃跑是死罪,中队长也曾再三用士兵语录中的"畏惧战死之人必将在万人唾弃中死去"这句话警示下属不许逃跑。但二人已下定了决心。逃跑估计需要两周时间准备。他们的计划是:先退回到距离海港四十公里的内陆城市维希,越过由纳粹扶持的维希政权的边境线,经由西南部城市图卢兹前往地中海,偷渡到摩洛哥,再想办法去美国。那几位关系亲近的法国人得知这个计划后,纷纷告知二人自己在法国非占领区以及图卢兹和摩洛哥的住址,还为他们准备了便服(鲍曼和库尔特此时还不知道,这些人正是民间反抗组织的成员。战后,鲍曼曾重访波尔多,但没有找到他们的踪影)。

1942年6月4日,破晓之前,鲍曼和库尔特打碎部队武器仓库的窗户,偷了两把手枪、两个弹仓和九个手榴弹以作防身之用。法国友人开轻型卡车把他们送到了距海港约五十公里处的森林,不远处就是边境线。从早到晚,二人都穿着便服,戴着贝雷帽。但是就在离边境线几百米处的村道上,遭遇了两个查关税的巡警。警察以为是偷运小件物品的法国人,上前大声呵斥,把他们拦了下来。鲍曼和库尔特本可以掏出手枪抵抗,但他们放弃了。鲍曼说,他们做不到。

逃跑失败的二人当天就被押送回波尔多。

死刑判决和囚犯生活

在严刑拷问下,二人也没有说出是谁帮了他们。他们坚称,身上穿的便服是从劳工宿舍偷的。最终,他们的行径被起诉为"共产主义式的堕落和作乱"。虽说他们擅自离队的时间还不到一天，按军法的规定，还不至于判重刑，但由于他们脱下了军服，犯罪性质就完全不同了。

1942年6月30日，位于法国西部的海军军事法庭鲁瓦扬支部开庭审理此案，四十分钟后，在没有辩护人的情况下，法庭作出了判决。法官是当时四十四岁的卡莱·吕德尔，1897年7月出生在莱比锡，一心想成为海军司法官。1932年，在纳粹政权还未上台之前，他就加入了纳粹党，坚定信奉纳粹思想。吕德尔首先以懈怠看守武器仓库的罪名，判处了一等兵格南弗尔特一年零六个月有期徒刑。接着，向鲍曼和库尔特宣读了以下判决书：

  被告人鲍曼，偷窃重要财物并擅自逃离战场，判处死刑和两年有期徒刑（因犯有两种罪名，在形式上加重了惩罚——对马）

  被告人奥尔登堡，偷窃重要财物并擅自逃离战场，判处死刑和两年有期徒刑。

  此外，本庭宣布，两名被告人没有资格服兵役。

  （拉斯·彼得松《希特勒的逃兵——当法律成为恐怖手段》，2013年）

二人马上被关进了波尔多军事监狱。由于没有洗清和民间反抗组织的关系，在监狱里，有关军事情报的质询和逼供依旧没有停止。纳粹怀疑他们俩会试图逃跑，所以把他们关进了专门关押顽固死刑犯的单人牢房，手脚日日夜夜都锁着铁链。每天早上都让人不寒而栗，因为能听见看守走近某间牢房，解开门锁，接着大喊一声："走出门来，行刑了！"在自己的牢房前大哭大喊挣扎的犯人最终会被带到射击练习场（刑场）。一想到这样的画面，二人就毛骨悚然，同时又庆幸"今天没轮到自己"。这样的日子持续了一个月。

鲍曼在《自传》中写道，那种噩梦般的日子永远烙在脑海中，铁链丁零当啷的撞击声依旧时不时在耳边响起。

即将被枪杀的逃兵（Hitler's deserters）

在监狱里的日子，有两件事冲击了鲍曼的内心，留下了难以磨灭的记忆。

第一件事是国防军士兵射杀九十名包括儿童在内的难民。这是出于对西班牙反佛朗哥政权杀害德国士兵的报复。在牢房的格子窗边，鲍曼目睹士兵把孩子从父母身边拖走，众人嚎哭，祈求饶命，最后被一一射杀。鲍曼写道："从那一天起，我不再把政治当作与自己无关的事，我痛恨战争，痛恨纳粹。"

第二件事与宗教有关。鲍曼出生时曾接受福音教会的洗礼，在狱中也坚持阅读《圣经·新约》。在国防军从军牧师的邀请下，犯人开始在狱中做礼拜。但牧师总会说这样一句话来结束祷告："请保佑我们敬爱的元首。"鲍曼明白了，牧师也是支持纳粹军事组织的社会多数派，他们自身也是士兵。复员后，鲍曼毅然离开了教会。

特赦

不过，鲍曼已经入狱一个月了，以高效为宗旨的纳粹军事法庭为何迟迟没有执行死刑呢？

原来，就算被关在死囚牢房，鲍曼等人每个月也有一次寄信的机会。家人也得知了他们俩的情况，两位父亲马上提交了特赦请愿书。鲍曼的父亲奥托更是找到了烟草业的友人罗宾逊，他和手握特赦大权的海军总司令埃里希·雷德尔（1876—1960）在第一次世界大战期间是战友，一战结束后也会一同狩猎。

两位父亲希望把儿子送上前线的请愿得到了答复。1942年8月20日，雷德尔下达了指示："鲍曼和库尔特二人，如果能在缓刑大队证明自己是合格的军人，就可以减刑为十二年有期徒刑。为此，二人必须在托尔高军事监狱接受战斗训练。"也就是说，二人将加入惩戒部队，如果能在战争最前线的枪林弹雨中活下来，就不必被处死，而是坐十二年牢。这样的指示对当时的海军来说是十分罕见的。毕竟，基尔港水兵起义曾直接导致一战的终结（事实上，继任的邓尼茨将军下令在1943年3月3日后原则上废除特赦制度）。

然而，雷德尔总司令的减刑指示迟迟没有被传达。同时，6月以后，寄给鲍曼的信都被没收了。10月7日，父亲奥托向法国西部德占区司令官写信询问，把儿子减刑为十二年有期徒刑的特赦是否还有效，关于儿子的处置是否发生了变化。想必父亲也十分心焦，他不希望这个唯一的儿子被当成逃兵处死，宁愿儿子死在战场上。

鲍曼出生时，奥托已四十一岁。一战末期，同为基尔港水兵的他并没有参加起义。奥托是个保守主义者，一生都敬爱着威廉一世皇帝和俾斯麦宰相，把"守信"和"尽忠"看得比什么都重。所以，他宁愿鲍曼战死。关于父亲的信，鲍曼写道：

"四十年后，我才终于在有关自己的记录文书中读到了父亲的这封信。我读了一遍又一遍。他很担心我，也因此而痛苦。虽然认为我做得不对，但他始终放心不下我，因为只有我一个儿子。我害父亲受了多大的苦啊。"

1943年4月29日，鲍曼才终于接到了特赦的通知。鲍曼和库尔特本以为自己必死无疑，他们被故意扔在鬼门关，遭受了八个月的折磨。

埃斯特韦根惩戒集中营

1943年5月1日，鲍曼和库尔特·奥尔登堡被转移到位于德国西北部、与荷兰相邻的埃姆斯兰县。希特勒上台后，该县在不同的地点建立了十五个集中营，每一个都占地广阔，用来关押从全欧洲抓来的政治犯、苏联俘虏和法国俘虏。有人提议，埃姆斯兰关了这么多囚犯，只要让他们都做苦工，一定能改良当地广阔的荒地。

在十五个集中营中，埃斯特韦根和瓦尔弗姆等六个军事惩戒集中营关押了两万五千至三万名被军事法庭定罪的德国士兵。鲍曼和库尔特被关到了埃斯特韦根军事惩戒集中营，这里负责暂时接收将送往托尔高军事监狱的逃兵。战后，纽伦堡国际军事审判（以下简称纽伦堡审判）查明，这个埃斯特韦根集中营还关押着"夜与雾"事件（1941年12月7日，根据元首的指令，国防军最高司令部和盖世太保在德国国内和占领地秘密逮捕了七千名反纳粹嫌疑人，并把他们囚禁在德国国内）的受害者。

埃斯特韦根军事惩戒集中营（摄于 20 世纪 50 年代）（»Was damals Recht war... «）

记录显示，到二战结束前，这两万五千至三万名德国士兵中，有五千至六千人被送至托尔高，剩下的至少有七百八十人因饥饿、疾病和虐待而死亡。关于这一点，鲍曼也有所记录。每天根本食不果腹，但必须参与繁重的体力劳动，比如挖草炭、造公路，一天连续工作的时间最长可达十二个小时。同时，四百个负责监视的士兵肆意虐待他们，难以忍受折磨的囚犯在绝望中做出各种疯狂的举动。比如：冲向高压电铁丝网试图触电自杀；为了逃到野战医院，故意把脚伸进铁轨让火车碾压。

憎恶和蔑视

六个半月以后，鲍曼和库尔特被移交至托尔高。在转运途中，两人得知了奥斯威辛是何等恐怖的人间地狱。此外，他们还经历了一番屈辱。在托尔高附近，军官允许他们在路边稍稍休息。这时，走来了两名女性，军官向她们大声喊道："来瞧瞧这两只猪！他们是背叛国家的逃兵！"话音刚落，两名女性走上前，朝他们俩狠狠吐了口唾沫。这是战时的德国民众对逃兵赤裸裸的鄙夷。

斯特凡·汉佩尔也有相似的经历。1943年5月，两名护送兵把他从弗莱堡押送至柏林。途中遇到的柏林红十字会女性员工只愿意给护送兵喝汤，她瞥了眼汉佩尔，说道："这个人从军队逃跑了？那就是罪犯呐。我可不想靠近他！两位兵大哥，肚子饿了吧。来，去我们那边吃东西。"负责盛汤的其他女性也向汉佩尔投去鄙夷的目光。

战时，德国民众异常激烈地愤恨纳粹体制的反抗者，从"雪绒花海盗团"的遭遇就可见一斑。1944年11月，"雪绒花海盗团"的成员巴托洛梅乌斯·辛克和另外四个年少的伙伴在科隆的广场上被公开处死。纳粹军事法庭把他们定罪为破坏至高目标"最终胜利"的"反叛者"。行刑的那一刻，两千多名聚在广场上围观的市民齐齐拍手叫好，没有人表示同情（亚历山大·格布《行刑时他十六岁》，1981年）。

虽然德国民众迷失在仇恨的怒火中，但还是有极少数人反对战争、保留着人性关怀，比如"红色交响乐团"的成员们。又比如，就在柏林市中心，还有以盲人工作所的奥托·魏特曼（1883—1947）为核心人物、救助盲人犹太人的组织。不管战时的情况多么恶劣，还是孕育出了一批"沉默的勇士们"，让世间的人情得以保存（冈典子）。

托尔高军事监狱

　　托尔高军事监狱（全称托尔高·齐纳城塞军事监狱）是德国国内八所监狱（1942 年）中最大的一所。1940 年后设立的陆军司法总部也位于托尔高，1943 年，连国家军事法庭也迁移至此。战败前的五年内，托尔高监狱共关押了六万至七万人。从 1943 年的后半年起，战争局势逐渐对德国不利，导致逃兵数量激增，监狱内人满为患。有多少人死于饥饿、苦工、定期的战斗训练，有多少人因违反军纪而被处死，已不得而知。但至少有一千三百人被射杀、超过一万人因拘禁和逼供而丧命。

托尔高军事监狱。第二次世界大战结束后，东德的纳粹战犯和原军事司法官被关押在此，接受死刑（»Was damals Recht war... «）

　　托尔高军事监狱还负责向旷日持久的苏德战争前线输送士兵，为精英部队抵挡枪炮。也就是向以"第五百缓刑大队"为代表的惩戒部队提供候补士兵。包括上文的斯特凡·汉佩尔，免于死刑的鲍

47

曼和库尔特也被计划编入该大队。曾被法庭宣判"没有资格服兵役"的二人必须证明自己具有"战斗的价值"。恰如其名,"第五百缓刑大队"是由被暂缓行刑的囚犯组成的步兵部队,军纪极为严酷,负责指挥、监视的将领和下级军官有权处死不服从命令勇敢上阵杀敌的士兵。

鲍曼和库尔特到达托尔高后,先接受了除虱。接着在喉部检查时,鲍曼被诊断患有白喉,当即被隔离至野战医院。有人在住院治疗时就死去,但他坚持了下来。身体麻痹和四肢疼痛导致他几乎寸步难行,几个月后才终于恢复正常。鲍曼记述,住院期间属于"半自由囚禁",劳动减轻为堆砖头和缝补囚服(大多数囚服都有胸部被子弹射穿留下的破洞),但时时刻刻都被严刑逼供下的惨叫声包围,还必须目睹围墙外执行的死刑。

最终,二人在托尔高被收押了十五个月。他们关在不同的楼里,见不着面。关于库尔特,鲍曼只提到他早于自己两周被派往东部战线,死于1945年。这件事也是从他人口中得知,库尔特死于几月死在哪里,已无人知晓。

与卢卡舍维茨的相遇

在托尔高地狱般的生活中,发生了一件让鲍曼永远铭记于心的事。1944年2月初,再度入住野战医院接受治疗的鲍曼结识了上文提到的约翰·卢卡舍维茨,数日后,又因卢卡舍维茨被处死,二人永别。

当时,卢卡舍维茨躺在鲍曼隔壁的病床上,万念俱灰的他总是沉默寡言。卢卡舍维茨的手腕脚腕被长期紧铐,造成很深的伤口,总是流血不止,因而住院。但在治疗中也不得解开铐链,只能咬牙忍耐。他比鲍曼大两岁，但二人心意相通，在低声交谈中彼此陪伴。卢卡舍维茨总会谈起出生在德国南部博登湖附近的妻子丽塔和他们的孩子。鲍曼满怀敬意地记述道，卢卡舍维茨心地善良，关怀他人，是"真正的和平主义者"。

鲍曼如此敬重的卢卡舍维茨被护送兵从病床上带走时，在他耳边痛声疾呼："绝不能让战争重演！"鲍曼写道，这句话深深烙在脑海中，他用了一生来践行。

2月11日，卢卡舍维茨在哈雷被斩首。

东部战线、被俘虏、解放

1944年9月，鲍曼被编入惩戒部队（第五百缓刑大队），经由波兰、古都伦贝格（现乌克兰利沃夫），向乌克兰西部进发。现在我们得知，这里正是"血色大地①"（蒂莫西·斯奈德）的一部分。作为苏德战争的交战地之一，"血色大地"上有超过一千四百万平民无辜丧命。

鲍曼也记述道："我们看见，村落和平原都被烧为灰烬，不论人还是动物，无一生还。这就是希特勒的'焦土命令'。我永远不会忘记，伤者在奄奄一息中惨叫，女性和儿童横尸路边。"

在化为一片焦土的乌克兰战场上，惩戒部队的职责是在最前线保护土崩瓦解的国防军撤退，就算是螳臂当车也好，也要堵住苏联红军的追击。鲍曼们的身后是监视小组，身前是红军。

---

① 根据耶鲁大学历史系教授蒂莫西·斯奈德2010年出版的《血色大地》一书，"血色大地"包括今天的俄罗斯西部、白俄罗斯、波罗的海沿岸的爱沙尼亚、拉脱维亚、立陶宛、波兰和乌克兰。

来到乌克兰三个月后，同伴们几乎都死了，鲍曼所属的八百人部队被一网打尽。整个惩戒部队的生还率约为百分之五，活下来的人也都是重伤。鲍曼回忆道，即使在作战期间，他都没有开过枪。不过他还是受了重伤，子弹从他的左胸上部穿过。1944年12月的圣诞前夕，他和其他部队的士兵被一起收治到布林（现捷克布尔诺）的军区医院。一名捷克医师慎重治疗了鲍曼。若非如此，他的伤很可能被怀疑是自残所致，那么鲍曼就会被枪决。当时，手脚上的枪伤被视作自残所致而遭处刑的士兵比比皆是。鲍曼从未提起过自己的经历，是那名医师注意到鲍曼属于惩戒部队，原是个逃兵，进而意识到这个德国人反对希特勒的战争。

1945年4月30日，元首希特勒自杀，5月8日，战争结束。因为害怕红军的报复，鲍曼一个劲向西北方向撤退。所到之处，只见房屋坍塌，死者横尸街头，遍地是战车的残骸。在捷克斯洛伐克和波兰交界处的小村庄内，他碰上了苏联军政治委员乘坐的吉普车。陪同的士兵马上用枪瞄准鲍曼，他结结巴巴地大声喊道："我是从集中营跑出来的！希特勒是王八蛋！"就这样，他免于一死，成了俘虏。

鲍曼虽然被关进了俘虏拘留所，但被认定为纳粹受害者。他作为政治俘虏在野战医院接受了治疗，接着被送到波兰边境处释放。1945年12月，就在圣诞的数日前，终于抵达故乡汉堡。

十九岁起出国参战，在四年十个月地狱般的战争生涯后，鲍曼作为纳粹军法的亲历者回到了德国。

以路德维希·鲍曼为例，我们可以看到被纳粹军法定罪的人经历了怎样的战争生涯。战争无疑是最愚蠢的行为，而我们进一步把焦点集中在军事法庭的所作所为上时,它的异常同样令人侧目。

本书下一个探讨的问题是,以违反军法的名义裁决了大量士兵与平民的军事司法官和背负着罪名勉强活下来的人,在战后分别有着怎样的经历。下一章将就这个问题展开介绍。

第二章

纳粹判决依然有效、逃兵饱受谩骂

1 阿登纳的内政和地位稳固的军事司法官

阿登纳的"1948 年 7 月 21 日的演说"

康拉德·阿登纳（1876—1967）是德意志联邦共和国的首任总理，被誉为"西德之父"。阿登纳是知名的保守主义政治家，为人沉着冷静，推崇现实主义，从冷战一开始就坚持联合西方的反共立场。

1949 年 5 月，《德意志联邦共和国基本法》（简称《波恩宪法》）出台，该法实施四个月后的 9 月，阿登纳出任总理。前一年的 7 月 21 日，他曾在首都的波恩大学向学生发表演讲。当时，继纽伦堡审判（1945 年 11 月至 1946 年 10 月）裁决纳粹主要战犯后，由美军主导的后续审判（1946 年 12 月至 1949 年 4 月）即将就国防军的犯罪责任，对国防军最高司令部作出裁决。此外，在战胜国的占领地以及纳粹过去管辖的多个国家，英美法三国大量裁决了当地的党卫队成员和德国士兵。所以，一般的德国民众大为不满，认为这是战胜国假借军事审判裁决战犯的名义耀武扬威。面对这样的社会气氛，阿登纳在演讲中明确指出：

二战期间的德国将领在英占区①受到了不公正的对待。这么做大错特错，从将来的政治发展来看，这也让人

---

① 第二次世界大战后英国在德国的占领区有波恩、汉堡、科隆、基尔等重要城市。

十分悲哀。（拍手）与英国、法国和美国的将领们一样，我们德国的将领、士兵和军队里的职工，哪一个没有尽忠职守？就因为有人诽谤中伤，他们就要遭受不公。（拍手）（中略）说到底，我们德国人真就堕落得无可救药了吗？那些曾经的将领非得被我们如此唾弃吗？希特勒自然是罪孽深重。那些助纣为虐的人，那些身居高位、有能力反抗却选择顺从的人也都应该被定罪。但是，在德意志民族漫长的历史中，纳粹统治的这十二年，不过是沧海一粟（着重号——对马）。没错，纳粹主义是把德国人推入了万丈深渊。但受纳粹主义蒙蔽的只有德国人吗？（拍手喝彩）希特勒一死、纳粹主义一消失，正义就能降临，世界就能永保和平宁静吗？

（《康拉德·阿登纳——演说选集1917—1967》，1975年）

这段演讲会让人作何感受呢？先不说阿登纳在外交上采取什么政策，仅从内政来看，虽说政治家作出迎合大众的发言是家常便饭，但他试图进一步把希特勒的独裁体制当作一段插曲，从德国光辉卓越的历史进程中摘出。在这样的解释中，希特勒及其党羽担下了所有的罪名。国防军的高官，包括军事司法官在内，是受民众拥护的，不应该被当作战犯。在谈及纳粹的统治和罪行时，这番演讲更是在有意无意间煽动德国人的受害者意识。

阿登纳对这样的事实却视而不见：有这样一群市民，他们或誉满天下或寂寂无名，都曾勇敢抵抗纳粹的统治，却被民族法庭和军事法庭残忍处死。的确，阿登纳从未支持过纳粹，还被罢免了科隆市长的职位，受到盖世太保的严密监视。但他也从未向反纳粹运动伸出过援手。因此在战后初期，他既没有同情过反纳粹者的奋死抵抗，也没有悼念过他们。日后，阿登纳还是出席了追悼仪式，并对反纳粹者大加称颂，但这不过是出于政治意图。

被拒绝的雅斯贝斯

此处，我不由得想起，哲学家卡尔·雅斯贝斯（1883—1969）对审判的态度恰好与阿登纳截然相反。当然，思想家和政治家采取不同的立场是司空见惯的事。但两人的差异还是耐人寻味。雅斯贝斯决不接受与犹太人妻子格特露德离婚。1945年4月14日，夫妻二人险些从家中被强制拖走，他当时已做好了自杀的准备。1945年至1946年的冬季学期，恢复海德堡大学职务的雅斯贝斯以反纳粹者们的命运为引子，向学生们抛出了一系列问题：如今自由的氛围得来不易，德国人要如何在新生的德意志中生存？对二战是否负有罪责？他认为，面对这些问题，德国人需要自省，需要对话。这个系列演讲收录在1946年春天出版的《罪责论》一书中。

我认为，只有从雅斯贝斯这个罪责的视角出发，才能向德国人理性分析纳粹统治瓦解后的德国该何去何从。然而，他的发言无人问津，甚至受到了非难。失望的雅斯贝斯离开德国去了瑞士的巴塞尔大学。我猜想，站在被"问责"的德国人的立场上来说，虽然在纳粹统治的十二年里，他们疯狂崇拜希特勒，最终被拖入战争，尝尽战争的惨烈，但他们不想因此完全否定那些日子，因为这意味着十二年的人生被白白虚度了。

在此我想强调的是，战败后的德国人抱有强烈的挫败感，所以他们反对雅斯贝斯，毫无自我反省的意识，不承认正是德国人自己孕育出了希特勒的独裁体制。甚至在20世纪50年代以后，这样的精神状态依旧十分普遍。

尘封"历史"

1950年，融合了新旧基督教的新党基督教民主联盟（CDU）成立，联邦总理阿登纳出任主席。从1949年至1963年的十四年间，战后的德国政治都由阿登纳执掌。在此期间，《巴黎协定》生效（1954年），西德重获主权，加入了北大西洋公约组织（NATO），军队也被重新武装，征兵制恢复。西德作为反共的自由主义国家，站在了东西对立的最前线。

阿登纳新政权在内政上的特点是，大量启用原纳粹党员，积极纳入曾经协助过纳粹统治的精英。虽说此举有利于社会统合，"有能之人"也得以在新的体制内发挥才干，但是，阿登纳政权无视了这些人曾协助纳粹犯罪的事实，他们原本必须承担的罪责也随之一笔勾销。在这一点上，德意志民主共和国（东德）与西德截然不同。在德国统一社会党（以下简称SED）的一党专政下，原纳粹党员不得出任政府职位，纳粹的罪责被彻底追查。

由此，在西德，纳粹的历史被尘封了起来。这也与战后保守的社会风潮有关。战时的贫困已经过去，"奇迹般的经济复兴"带来了期盼已久的安定生活，德国人只想好好过日子，不想再想起战争中的烦心事，不想再被政治牵着走。

据说，阿登纳曾在1952年10月的联邦议院会议上对在野党德国社会民主党（SPD，以下简称社会民主党或社民党）的议员说过这句著名的话："再拿纳粹说事就不应该了。毕竟，凡事有开始就有结束。"阿登纳的这种态度也体现在重组内阁时的人事安排上，甚至让原纳粹党骨干接任纳粹抵抗者的职位。

以下就是一个典型的例子。反纳粹抵抗组织克莱稍集团的幸存者、第一届内阁的难民部长汉斯·卢卡谢克（1885—1960）因不满阿登纳这种毫无道义的政治倾向而提出辞呈。在第二届内阁中，曾经的纳粹党员，而且是党内精英骨干的特奥多尔·奥伯伦德尔（1905—1998）填补了该职位的空缺。甚至在第三届内阁中，他再次连任。在1960年4月的缺席审判中，奥伯伦德尔因屠杀东欧占领区的犹太人和波兰人被东德最高法院判处终身监禁。同年5月，他辞去了难民部长的职务。

在社会各界的请愿运动下，议会通过了赦免法案。于是，纳粹体制的高官和精英党员纷纷得到任用和复权。根据现代史学家诺贝特·弗赖的研究，1950年春天，西德国内共收监了三千四百名犯人。12月，人数减半，到1952年1月末，减至一千二百五十八人。

社会日趋保守，民众对"历史"合上了双眼。阿登纳的政治倾向也助长了这一点。在此情况下，军事司法官们在战后处境如何？他们又采取了什么样的行动呢？

军事司法官们的战后处境

在纽伦堡审判中，党卫队、盖世太保、党卫队保安处（SD）被定性为"犯罪组织"，最先受到裁决。1946年8月以后，国防军和军事司法才正式解体。此后，军事司法官不再具有"和将领同等级的国防军官吏"这一身份，代表着纳粹军法的"1938年军法"也被废除。

在上文提到的由美军主导的后续审判中，还有针对法律专家的审判。共十六人被起诉，包括民族法庭（首席法官弗莱斯勒在二战结束前夕死于空袭）和特别法庭的司法官以及司法部的高官，其中十人被判有罪。但之后，这十人也被赦免释放。他们领着高额的退休金，过上了安逸的生活。

军事司法官的案件被合并进针对国防军最高司令部的审理当中。被起诉的仅国防军法务局局长鲁道夫·莱曼（1890—1955）一人。莱曼作为海陆空军事司法官的代表坐在被告人席位上，被判七年监禁。同样地，他服刑不到一年零一个月就被赦免释放了。

其他的军事司法官在战败时被拘留、革职，但均没有受到裁决并被释放了。甚至到20世纪50年代，几乎全员都获得了司法界和政界其他机关的专业职位。

关于这一点，有一项针对两百四十六名原陆军司法官在1956年4月时就职于何处的调查。调查显示，一百零七人重返司法界，其中六十八人担任法官（联邦最高法庭两人、地方高级法庭六人、地方法庭二十七人、区法庭二十五人、行政法庭四人、社会法庭一人），三十九人担任检察官（地方法庭、地方高级法庭①的首席检察官五人、检察官三十四人）。其余的一百三十九人也都入职了国防部以及其他的中央政府机构，甚至有人出任部长和局长等要职（曼弗雷德·麦瑟史密特《国防军司法1933—1945》）。

总而言之，绝大多数纳粹军事司法的骨干或是平移到西德各个司法机关，或是进入政界，继续步步高升，保持着社会精英的身份。毕竟，接纳他们的战后司法界本来就充斥着曾经积极向纳粹靠拢的官员。《罗森堡报告》（2016年）记录了联邦司法部从盟军占领时期到1973年的人员结构变化。数据显示，到20世纪50年代末为止，在多数司法机构中，百分之七十以上的官员都曾是纳粹党员和突击队队员。进入60年代后，这个比例才开始下降。

---

① 德国检察机关设置于各级法院内，实行审检合署制。

为自己脱罪的军事司法官

20 世纪 80 年代以后，人们才渐渐知晓，军事法庭曾判处三万五千名逃兵死刑，以破坏国防力量的罪名判处超过三万人重刑，其中包括平民。一直以来，军事司法的真实情况都被掩藏起来，致使只有负责人莱曼接受了审判，其他的军事司法官仅被短暂拘留。

不过这并不意味着军事司法本身未遭质疑。从军队复员的老兵都清楚地记得对军事法庭的恐惧。有人提起诉讼，也有人通过媒体指责和告发军事司法的所作所为。

战时有超过两千五百名军事司法官，他们中的大多数都避开苏联占领地，留在或逃到了英美法三国占领的地区。留在西德的原军事司法官即使获罪，也不会受到严惩，况且事实上没有一个人被定罪。与之相对照的是，在东德，到 20 世纪 50 年代中期，至少有一百三十九人被判监禁或死刑。

西德的情况为何如此呢？简单来说，是因为军事司法官们早早为自己想好了免责的说辞，顺利融进了战后社会。第一章中提到的首席法官马克斯·巴斯蒂安和维也纳大学教授兼军事司法官埃里克·施温格在其中起到了关键作用。下面将简单介绍二人在战后的经历。

军事司法官巴斯蒂安的地位仅次于国防军法务局局长莱曼。他在战争结束前的 1944 年已卸任，1947 年 3 月，因涉嫌"战争犯罪"被英国军政府逮捕，之后被移交至法国。巴斯蒂安仅被拘留了一年多就在第二年 4 月重获自由，甚至未经审判。他从此过上了领取退休金的悠闲生活。

拘留期间，巴斯蒂安曾向占领军当局提交亲笔写成的备忘录《我的原则》，振振有词地为自己辩解。他在备忘录中强调，军事法庭尤其是国家军事法庭,在案件审理中秉持"独立于纳粹政治指导部、公正裁决"的原则,"遵从良知,从未犯下违反人道的罪行"。他举了托尔高时代的同事维尔纳·吕本自杀一事为自己作证。

军事司法官吕本曾判处超过一百一十人死刑,包括鲍曼的挚友约翰·卢卡舍维茨。巴斯蒂安在备忘录中把吕本的自杀美化为"良心备受煎熬"的结果,大加赞许。战前,吕本被称颂为纳粹军司法的勇士,纳粹在托尔高为他举行了盛大的追悼仪式,将军们齐齐向他的遗体献花,包括巴斯蒂安。到了战后,吕本转而又被奉为抵抗纳粹暴行的"司法殉教者"。能从完全相反的角度称赞同一个人,可见这些军事司法官毫无原则可言,随时转换立场。到 1958 年,甚至巴斯蒂安本人也在下葬前受到德国联邦军海军的隆重追悼(慕尼黑现代史研究所"证言录 onlineZS1483"、诺贝特·哈泽《国家军事法庭法官和他们战后的职业生涯》,约阿希姆·佩雷鲁斯、沃尔弗拉姆·韦特编《问心无愧——联邦共和国的军事司法官和牺牲者》2011 年收录)。

第二个关键人物埃里克·施温格主持编写了严酷的军事刑法和《军法典注释书》,作为陆军军事法庭的司法官,也判处了十六人死刑。临近 1945 年 3 月,他赶赴维也纳大学就职。大约两个月后,在意大利北部出任某支作战部队的临时司法官。在此期间被俘,后在奥地利提洛尔地区的英国军事监狱被拘留了

马尔堡大学教授施温格
(摄于 20 世纪 50 年代)
(》Was damals Recht war ... 《)

半年。释放回国后，无人知晓他做了什么手脚，竟在去纳粹化的审查中被判定为无罪。后复职于社会声誉极高的马尔堡大学。施温格这号人物，既主导了纳粹军事司法在理论和实践上的发展，又是坚定的纳粹信徒，竟能顺利融入战后的德国，真叫人目瞪口呆。之后，他只字不提担任军事司法官时的所作所为，在教授的位置上坐了二十多年。其间更是荣升法学院院长和校长，作为刑法学学者也声名远播。1947 年，针对凯塞林元帅的军事审判在威尼斯开庭，施温格负责为他辩护。从此，施温格作为军事刑法的专家和鉴定人，在国内外一百五十起针对国防军和武装党卫队的刑事审判中出任辩护人。（德特勒夫·加尔贝《马尔堡的军事法律专家埃里克·施温格教授》；阿尔布雷希特·基施纳编《逃兵、国防力量破坏者和法官》，2010 年收录）

巴斯蒂安和施温格二人都积极团结战争期间的同事和其他军事司法官，形成人际网络。如果没有这两个人，原军事司法官们绝不可能过上名誉地位双收的战后生活。

"原军法专家联合会"的活动

根据上文提到的《罗森堡报告》，原军事司法官们甚至深度参与了联邦司法部内关于重新武装军备的诸多会议和相关法案的制定。

必须再次指出，纳粹军事法庭的实情长期以来都不为人知。但不只应征入伍的平民，连职业军人也认为军事司法官的所作所为与禽兽无异。尤其在战败前夕 1945 年 3 月末发生了"7 月 20 日密谋案"后，仅将领就至少被处死了八十人。知道此事详情的军人都对军事法庭抱有强烈的负面印象。正因如此,以朝鲜战争的爆发为契机(1950 年 6 月),由原高级军官组成的专家会议起草了关于再次武装军备的基本构想"希姆多尔备忘录"(1950 年 10 月),提出以创建新生的德国军队为前提,邀请"非军方专家"加入,根本性地改写军事司法。

不过在当时,新生的德国军队,也就是德国联邦军,只能从原国防军中吸纳人才。所以,原先的军人也急于把自己包装成"毫无瑕疵的国防军",撇清和大量虐杀俘虏及大屠杀的关系,让社会大众重新认可军人这个身份,不再把他们当成战犯。

原军事司法官自然也是如此。大众早就对军事司法不满,有所怀疑。这从获罪的当事人以及家属的控诉中就可见一斑。为此,军事司法官们团结起来维护纳粹军事法庭的合理性,洗脱军事法庭的罪名。他们还主张军事司法对于反共和重新武装军备意义重大,这当然也是为了自保。

巴斯蒂安还效仿由职业军人组成的团体"德国军人联盟"(推进重新武装军备的运动团体,在政府的支持下成立于 1951 年,主张团结战友和特赦战犯),召集一千多名曾供职于国家军事法庭的同事,在 1952 年创建了"原国家军事法庭司法官定期例会"(以下简称"定期例会")。

而早早在大学复职的施温格也以马尔堡为据点建立人际网络,还协助法兰克福行政法院院长汉斯·东布罗夫斯基(1901—1976)组建利益共同体,此人正是施温格在编写军事刑法时期的盟友。于是,由东布罗夫斯基领导的自治组织"原军事法律专家联合会"与"定期例会"在同一年成立,网罗了超过八百名原陆军司法官。

这两个组织关系紧密,成员之间共享信息,以帮助战时的同事顺利复职。他们的影响力甚至足以向德意志联邦军施压，促成军事司法部门的设立。约二十四人出席了1954年5月的"定期例会"，其中有巴斯蒂安和获释的鲁道夫·莱曼，甚至还有布兰克办公室（国防部前身）以及联邦司法部的高层领导。讨论的主题包括培养同志情谊深厚的继任者、促成对纳粹军事司法的"正面社会舆论"，以及积极引导后世对军事司法的历史评价。这些讨论转换成了具体的运动方针，为了打造积极正面的社会形象，1957年的例会通过了有关"编写德意志军事司法史"的决议（C. 巴德《"作为真正的秩序守护人……"——原国防军法律专家的人际网络和历史政策》；佩雷鲁斯、韦特编《问心无愧——联邦共和国的军事司法官和牺牲者》，2011年收录）。

正是有了这些互助组织和压力团体在私下秘密行事、积极活动，军事司法官们才能在短期内重返法律界并官运亨通。在他们的游说下，战后的德国又再次设立了军事司法。

【附记：1956年，经过议会内外激烈的讨论，《波恩宪法》规定，赋予公民以违背良知为理由拒服兵役的权利（第四条第三项）。在此前提下，恢复义务征兵制（第十二条a），并就军事司法作出了相关规定（第九十六条第二项）。与此同时，1956年3月，议会颁布了有关军人法律地位的《军人法》，第二年3月更是制定了军事司法官们热切期盼的军事刑法。但到今天为止，德国都没有再次设立军事法庭，2011年更废除了征兵制。】

由此看来，原军事司法官并不满足于自保，还积极着力于影响整个司法界。巴斯蒂安在"定期例会"的报告书（1957年4月）中写道："到目前为止，成员们团结一致，成功避免了几起针对军事法庭的联合诉讼，也打消了各家报社记者对军事法庭判决是否过重的责难和疑虑。"可见，军事司法官们一步步达成了目标。

至此，我不由得产生了疑问。这些身为法律守护人的原军事司法官可曾思考过纳粹军事司法的内在精神和它应当承担的罪责，可曾反省过参与其中的自己。从数量有限的文献中，丝毫找不到他们进行自我批评或是总结军事法庭过失的痕迹。这些军事司法官在战后依旧以专家群体自居，对纳粹的罪行保持漫不经心、事不关己的态度。只能认为，关于我的疑问，答案必然是否定的。

2　依然有效的纳粹判决

被无视的司法改革

　　法不溯及既往这条原则是指，新法的效力不适用于发生在该法生效之前的行为。"人道罪"由纽伦堡审判首次提出，是指数量过于庞大，以致必须破坏法不溯及既往原则才能一一裁决的"包括纳粹犯罪在内的犯罪行为"（芝健介）。"联合国管理理事会法第十号文件"（1945年12月）对"人道罪"作出了具体规定，之后的后续审判以及德国国内的审判都引入了这一罪名。

　　古斯塔夫·拉德布鲁赫（1878—1949）是著名的刑法学家和法哲学家。曾被纳粹政权革去教授职位，战后迅速得到复职，出任海德堡大学法学院院长。拉德布鲁赫断定，纳粹的立法尤其是刑法典是"披着法律外衣的恶法"，因为他认为法律必须服务于人道和正义。战后，很多法学家期待着德国全新的法学教育和司法改革，他们都相信拉德布鲁赫必能促成这两个目标的实现。1946年8月，拉德布鲁赫在这些改革派创立的专业报纸《南德法学家报》上刊登了名为《披着法律外衣的恶法和凌驾于法律之上的铁律》的文章，赞许了那些遵循"联合国管理理事会法第十号文件"而作出的司法判断。其中一个实例讲述了逃兵在东德成功避免起诉的过程。

1943 年的东部战线上，一名负责看守的士兵不愿以违反人道的方式对待俘虏，因而逃走。被抓捕后，这名逃兵抢走警员的配枪，将他杀害，后逃至瑞士。战争结束的那一年，他回到了故乡萨克森，随即被逮捕。检察院本打算以谋杀罪起诉他，但检察长援引《刑法》第五十四条（紧急避难条项），即不应追究紧急事态下的罪行，下令中止诉讼手续并释放该逃兵。理由如下："纳粹制定的法律只适用于当时，到了今天，早已失效。在我们的理解中，从希特勒和凯特尔的军队逃跑，并没有犯什么错，没理由被剥夺名誉、被处罚。我们不应该指责他做逃兵。"（拉德布鲁赫《披着法律外衣的恶法和凌驾于法律之上的铁律》；E. 沃尔夫、H. P. 施奈德编《法哲学》，1973 年收录）

然而，这类不起诉逃兵的案例，虽然受到拉德布鲁赫的称赞，但从未在西德发生过。事实上，战后没多久，西德的司法界就批评联合国军政府提出的方针是"胜者的司法"。此外，西德司法界依旧普遍持有传统的观念，认为"一旦被制定，不管内容如何，法律就是法律"。因此，他们拒绝接受拉德布鲁赫有关纳粹德国是"非法国家"的批评，依然遵循着苏格拉底用死证明的"恶法亦法"。基于这样的立场，纳粹国家是法治国家，依据军法裁决嫌犯自然也是正当的。

联邦共和国成立后，这种倾向变得更为清晰了。也就是所谓"司法的复古"。甚至在 1951 年 9 月之后，由于《波恩宪法》严禁事后法，"联合国管理理事会法第十号文件"中有关反人道罪的规定无法再适用于纳粹战犯，五年后被正式撤销。于是，适用于裁决纳粹罪行的法律根据只剩下了德国刑法的相关规定。

政治学家约阿希姆·佩雷鲁斯的父亲是名普通市民，因反抗纳粹而被处死。佩雷鲁斯表示，即使是实施了屠杀犹太人罪行的特别行动队，各队负责人中有百分之九十都从主犯变成了从犯，因而获得减刑，释放时间不晚于 20 世纪 60 年代。

基于以上的情况，被军事法庭定罪的人以及他们的家属犹豫该不该起诉判决不当，也是人之常情。而且，也难以确定该起诉哪一个或哪几个司法官员。毕竟，普通市民根本无从得知相关司法信息。仅这一点，就难倒了很多本打算起诉的人。更不必说，打官司费钱费时间。此外，把自己置身于社会对军事司法受害人的冷笑和诽谤之中，需要巨大的勇气。总之，起诉会带来各式各样的困难。

于是，到 20 世纪 40 年代末，只有极少数受害人及其家属提起了诉讼。其中有几起直接对原军事司法官提起司法诉讼的案件，但每一起都以法庭宣判军事司法官无罪告终。以下是两个实例。

原海军司法官吕德尔的无罪释放

卡尔·吕德尔判处了鲍曼和库尔特·奥尔登堡死刑。水兵诺瓦克也由他定罪，战后，诺瓦克的家属起诉了吕德尔。事情的经过如下。

1943 年，长期担任海军司法官的吕德尔成为了管辖挪威西海岸的高级司法官，直属海军本部。他管理着当地的军事法庭，直至德国无条件投降前夕的 1945 年 5 月 4 日。吕德尔裁决了沃尔夫冈·诺瓦克和他的五个同伴。二等兵诺瓦克与鲍曼同年同月出生，当时二十三岁的他正在一艘停泊在挪威克里斯蒂安桑的巡逻舰上执勤。从 4 月起，他和这伙同样厌恶纳粹的同伴就一直在军队的病房里偷听国外的广播，确认了德国即将战败的事实。某一天，他们喝得酩酊大醉,大吵大闹,嚷嚷着要划船到英国。诺瓦克对着准备给他们注射镇定剂的军医大骂道:"纳粹的猪崽子别碰我!不出两周纳粹体制都得完!"接着,六人全被逮捕。

5月4日,吕德尔立即在巡逻舰上开庭审理了此案,以"破坏国防力量"和"违反军法"的罪名判处诺瓦克六人死刑。这一天,德国恰好签署了部分海军投降的协议,协议将在第二天的5日上午8点生效。因此,巡逻舰也将被交付。但吕德尔还是批准舰长佩尔执行死刑,在5日早晨处死了这六人。

【附记:5月8日德国全面投降后,丹麦和挪威的军事法庭依旧担负着"确保秩序井然"的责任,直至士兵返回德国国内或从监狱释放。联合国军政府在5月4日已经发布了"第一百五十三号法律",规定在"被(联合国军)占领的地区内",停止执行"1938年军法",海军军事法庭在判处两年以上自由刑时,必须得到联合国军政府的批准。但这样的指示没有被立刻传达,直至5月14日,才由海军法务部长罗特卢夫将军下令执行(洛塔尔·格鲁赫曼《第二次世界大战中德国海军司法的文书》,《季刊现代史》,1978年收录)。】

这件事没有就此结束。战争结束时,吕德尔和其他军事司法官一样,曾在汉堡的英国军事监狱被短期拘留。被革职的吕德尔一度以园艺为业,1948年秋天再次被拘留。这是因为水兵诺瓦克的父母收到了儿子朋友的来信(1946年3月1日),得知了儿子为何被处死的详细经过。针对诺瓦克被就地判决一案,检察官为了调查是否应当起诉舰长和司法官,暂时拘留了他们。二人一口咬定,作出判决时不知道军队已经投降。检察官认可了他们的解释,1949年,调查停止，二人被释放。

1951年，诺瓦克的父亲不肯放弃，向汉堡地方法院起诉吕德尔违反了"联合国管理理事会法第十号文件"提出的"人道罪"。6月，地方法院宣布吕德尔无罪。判决书如下："没有充分证据证明被告人有罪。（略）无法判定被告人作出的死刑判决是不当且残忍的处罚。"检察院上诉到联邦最高法院后，1952年12月，联邦法院第二部门撤销了判决，将此案打回汉堡地方法院。第二部门撤销的理由如下："难以判定地方法院是否有权具有基于'联合国管理理事会法第十号文件'综合性地评价吕德尔对诺瓦克的裁决适当与否。同样，难以判定检察院基于此第十号文件对吕德尔的有罪推定是否具有法律效用。（略）即使判处诺瓦克死刑不当且残忍，想必也是因为军事法庭的审理在事实确认和法律阐释上出了差错。（略）话虽如此，即便是纳粹统治下的军事法律，德国的法官也应当遵从军法的规定，作出相应的惩罚。"

1953年4月，汉堡地方法院再次以"证据不充分"的理由宣布即将五十五岁的吕德尔无罪。判决书这样总结道："本法庭判定，被告人吕德尔博士并未轻率地或者有意地违反法律。"（阿德尔海德·L. 吕特尔-艾勒曼等人编《司法和纳粹罪行》第十卷，1973年）

从上文来看，我们无从得知法院对"人道罪"这一起诉原因（犯罪的具体事实）的看法，但显然，联邦最高法院立场守旧。从几次判决中都可以看出，法院依旧认可国防军的军事审判权，而并没有参照提出了停止执行"1938年军法"等指令的联合国军"第一百五十三号法律"。在此前提下，法院不认为针对诺瓦克的裁决有什么差错。

无罪释放后的吕德尔有没有重返司法界，就不得而知了。

水兵盖尔的死刑

以下是一个相似的诉讼。二十岁的海军无线兵阿尔弗雷德·盖尔出生于德国的中部城市卡塞尔。1945年5月5日，在一艘停靠在丹麦格雷诺港口的高速鱼雷艇上，他得知了部分海军投降的消息。年长的士兵维尔曼（二十六岁）提议一起逃跑，"接下来咱们就得做英军的俘虏了，谁乐意啊"。于是，他和盖尔以及另一个伙伴西林（二十二岁）一起上了岸，打算离开部队。但是，武装起来的丹麦人抓住了他们仨，交付给了三人的所属部队。5月9日早晨，军事法庭紧急开庭，声称"即使战争已经结束，也不得破坏军队的纪律"，以逃兵罪判处了三人死刑。5月10日，三人在舰艇上被枪决。

他们一定想不明白，战争明明已经结束，为什么还会被处刑呢？

1949年，阿尔弗雷德的母亲起诉舰长彼得森、海军司法官霍尔茨维希等五人违反"人道罪"。与水兵诺瓦克一案相同，首先汉堡地方法院宣布无罪，接着检察院上诉，联邦法院第二部门审理后又把案件打回了地方法院。最终，1953年2月，汉堡地方法院再次宣布被告人无罪。判定无罪的理由是"针对被告人的行为，没有相应的处罚规定"（说明"联合国管理理事会法第十号文件"未被遵循——对马）（阿德尔海德·L. 吕特

被处死的水兵阿尔弗雷德·盖尔（J. Kammler: Ich habe die Metzelei satt und laufe über..., 1997）

尔-艾勒曼等人编《司法和纳粹罪行》第十卷，1973年）。

政治学家约尔格·卡姆勒（1940—2018）来自盖尔故乡的卡塞尔大学。根据他的调查，在1949年的案件审理中，汉堡地方法院邀请了军法鉴定的"权威人士"施温格教授前来协助。施温格强调，被告人作出的判决具有正当性，"即使纳粹的统治已经结束，也应当遵循和重视军法"。

斯特凡·汉佩尔的补偿请求

战后的司法界普遍认为纳粹军法的判决具有正当性，纳粹军事司法的受害人和他们的家属只得另寻他法。战后，在东德和西德，纳粹的受害者都可以向国家申请补偿。

起初，只要曾经被军事法庭定罪，本人及其家属都无法领取退休金。即使纳粹已经倒台，以逃跑、拒服兵役和破坏国防力量等罪名被判过刑的人，依旧无法融入社会。因为任何公文都显示他们是有"前科"的人。这样的过去一旦被人知晓，就难以找到正规的工作糊口，生活也会陷入困窘。要改变这样的现状，唯一一条路就是申请受害补偿。

幸存下来的斯特凡·汉佩尔讲述了在战后申请补偿的经历。

1946年12月，汉佩尔回到了东柏林。原本打算在洪堡大学继续学习政治学，但学校以"资产阶级出身"为由拒绝了他的入学申请。第二年，向东柏林政府提交了"法西斯主义受害人"的认证申请，因为这是获得纳粹受害人补偿的前提。但是政府首先考虑到，他既不是共产党员，也不是反纳粹抵抗者，因而驳回了他的申请，并指出"逃跑不算是抵抗纳粹"。可见，不管是在东德还是西德，社会都拒绝接受逃兵。

1951年，汉佩尔移居至西德的杜塞尔多夫。由于做过逃兵，找不到固定职位，只能做一些日结的工作，生活十分辛苦。《联邦补偿法》（1956年）作出了有关纳粹不法行为受害者个人补偿的相关规定。汉佩尔提出了基于此项法律的"政治受迫害者"认证申请，具体内容不明。但当局的相关官员坚决不批准他的申请。别无他法的汉佩尔一怒之下冲进了州内务大臣的办公室，声泪俱下痛诉自己之所以逃走，是因为目睹了大屠杀，而且自己也从未向一个犹太人开过枪。这番越级上诉成功了。汉佩尔被特别认定为"坚守良知的罪人"，既不是逃兵也不是拒服兵役者。他得到了补偿金，金额按判处死刑后的监禁时间计算（一天五马克），以及少量退休金（《"当时是合法的……"——被国防军军事法庭裁决的士兵和市民》亚琛市民大学课程资料）。

像汉佩尔这样最终成功领取补偿的终究是少数。下文路易丝·吕尔斯的遭遇才是普遍现象。

路易丝·吕尔斯的补偿请求

上一章提到，1944年，"7月20日密谋案"失败，路易丝·吕尔斯听闻后感叹"可惜"，因而遭人告发，以破坏国防力量的罪名被判死刑。在妹妹的特赦请求下，减刑为十年有期徒刑。她是唯一一名协助鲍曼展开名誉恢复运动的女性。1949年8月，不来梅州等四个州颁布了《纳粹不法行为补偿法》。同年9月，三十六岁的吕尔斯提交了基于该法的受害人申请。

然而，在不来梅州，由于受害人补偿的流程和相关规定尚未完备，吕尔斯的申请一直未得到处理。1956年6月29日，《联邦补偿法》出台。有了其中的相关规定，像吕尔斯这样"因反对纳粹主义的政治立场而遭迫害"的补偿申请才得到了审批。《联邦补偿法》的第一条第一项就"纳粹暴行受害者"定义如下："这些受害人因反对纳粹主义的政治立场，或因人种、信仰、世界观的差异，而遭到纳粹强制手段的迫害，导致生命、身体、健康、自由、所有权、财产（略）受损。"

从 1944 年 7 月 21 日至 1945 年 5 月 13 日，吕尔斯约被拘禁了一个月。她正是针对这段期间遭受的财产和收入的损失申请了补偿。1959 年 11 月 27 日，距离最开始的申请已经过去了超过十年，不来梅州补偿局才终于作出决定，驳回了吕尔斯的申请。理由大致如下：

> 申请者不符合联邦补偿法第一条第一项中"反对纳粹主义的政治立场"的条件。根据军事法庭的记录，在希特勒暗杀未遂的第二天，申请者认为，暗杀如果成功的话战争就能结束。的确，在当时，说出这样的想法需要很大的勇气。但难以就此判定申请者反对纳粹主义的政治立场。因为，"政治反对者"的概念包含"对纳粹主义的原理、目的、方法都持反对意见"这一特征，不同于仅仅批评个别事项，也不同于宣泄不满和愤怒。庭审记录显示，申请者曾在纳粹党的地方妇女部门表达对纳粹主义的认同。在军事法庭作出的判决理由中，也没有把申请者定性为纳粹主义的反对者。基于以上理由，申请者不符合《联邦补偿法》第一条的条件，缺乏申请补偿的理由。（社团法人不来梅"格奥尔格·埃尔泽运动'破坏国防力量'——路易丝·奥滕的事迹" 2009 年展示会资料）

申请了十多年，只等来了当局这样的驳回理由。想必，吕尔斯之所以提出申请，是因为她对自己做过的事问心无愧，她无法接受即使到了战后，依旧因此遭到社会的诽谤和孤立。但驳回理由书对这样的现状只字未提。当局丝毫不认可像吕尔斯这样活在纳粹政权下的普通市民敢于反对纳粹的言行，也丝毫不关怀他们因此受到的迫害以及战后依旧苦不堪言的处境。

"红色交响乐团"和"耶和华见证人"

虽然与吕尔斯的经历并不完全一致，但相似的是，反纳粹组织"红色交响乐团"的英勇行为也得不到政府的认可。一半以上的成员只是普通市民，且多数是女性。他们出于人道而救助犹太人，反对战争，并不都是因为政治信念才反对纳粹体制。但在战后，"红色交响乐团"被定性为共产主义者团体，全体成员都无法得到补偿。

最终，只有上层阶级和知识分子等社会精英的反纳粹行动才得到了政府的认证。原因不外乎是出于阶级歧视和偏见，认为一般市民无法理解反纳粹行动的意义。

"耶和华见证人"的信徒也都没有被承认为《联邦补偿法》所说的受迫害者。在 1964 年 6 月的裁决中，联邦最高法院驳回申请的理由是"战时的法官依照针对破坏国防力量的相关规定，判定申请人拒服兵役的动机微不足道，继而作出了判决"。这样一来，信徒们彻底束手无策，因为法院不会考虑拒服兵役背后的信仰问题（金特·扎特霍夫等人编《免于一死——纳粹军司法幸存者的证词记录》，1993 年）。

上文以卡尔·吕德尔、斯特凡·汉佩尔和路易丝·吕尔斯这三个对鲍曼的一生产生了重大影响的人为例，介绍了在军事法庭中进行判决的司法官和被定罪的人在战后的经历。由于早期的战后司法界普遍认为纳粹军法和军事法庭具有法律正当性，所以获罪的人既不是"纳粹暴行的受害者"，也不是"政治敌对者"，不过是一群违反军法的人。即使活到了战后，他们也摘不掉"犯过前科"的帽子。

原军事司法官编写正史

原军事司法官们最关心的，就是如何打消社会大众对纳粹军事司法的负面印象。旧国防军已着手打造"国防军毫无瑕疵"的神话，作为其中的一环，将军们纷纷出版了回忆录。比如，曼施坦因元帅所著的《失去的胜利》（1955年）一度畅销德国，书中强调，希特勒错误的作战指挥才是败北的原因。又比如，"名将"隆美尔的备忘录塑造了德国军人苦恼于如何同希特勒保持距离的英雄形象，在全国掀起热潮。诸如此类的书籍相继问世。

1954年7月20日起，"7月20日密谋案"的参与者成为了阿登纳政府正式追悼的对象，在他们被血腥镇压十年之后。在此之前，反希特勒军人团体的形象在政治层面上被不断拔高，他们已不单单是反抗希特勒独裁统治的组织，更是象征着国防军悠久传统的典范，因此也是德国联邦军效仿的对象。以主要执行人物施陶芬贝格上校为核心，"7月20日密谋案"的参与者被奉为英雄，追悼他们成为了联邦军的重要仪式。班德勒大街曾是国防军总司令部的所在地，也是施陶芬贝格等人被处死的地方。国防军总司令部的部分用地被改造为德国抵抗运动纪念馆，正前方的班德勒大街也被改名为施陶芬贝格大街。纪念馆的中庭被命名为"荣誉庭"，每年在此举办施陶芬贝格等人的追悼仪式。不必说，这是出于政治目的、把国防军"神圣化"为反希特勒军队的开始。

效仿国防军,原军事司法官们也力求为军事司法打造"毫无瑕疵"的正面形象。眼下,司法界已普遍认可了军事法庭作出的裁决,但这还远远不够。此外,虽然把国家军事法庭高官吕本的自杀美化为"良心备受煎熬"的结果,追捧他为"司法殉教者",但总体而言,军事司法官依旧没能摆脱不近人情的形象。

于是,原军事司法官们想出了新对策。决定把纳粹军事司法塑造为"在法治国家中平稳发挥作用的法律",以改变社会舆论和历史评价。这才是"原军事法律专家联合会"自 1957 年例会以来长期贯彻的重要运动方针。基于此,由埃里克·施温格编辑、奥托·施韦林撰写的《纳粹时代的德国军事司法》(1977 年)作为纳粹军法的第一部"正史"面世,并被奉为权威力作。下一章将就此具体展开。

战后的德国司法常常被人诟病难以自行改善,只能等待人才更迭。此时,阻碍司法内部自我改善的主要人物就是纳粹军事司法的制定者和他们的拥趸。

慕尼黑现代史研究所的纳粹司法研究者洛塔尔·布鲁赫曼(1929—2015)表示,军事司法在第二次世界大战中的资料大量缺失,尤其是陆军和空军。这一方面是因为在 1944 年之后,军队停止了统计工作,另一方面也是因为在炸弹袭击下,大量资料被烧毁。再加上军事司法的当事人纷纷刻意隐瞒,使得情况更加糟糕。直到 20 世纪 80 年代后半期,这种人为设置的障碍才终于被去除,许多实情浮出水面。

后来,原不伦瑞克高级地方法院法官赫尔穆特·克雷默(1930—)也猛烈抨击了司法界的不作为,并记录下了这一事实:

找到问责纳粹军事司法不当行为"突破口"的，不是战后司法内部的"法学家"，而是"作为历史学家活动的法学家和非专业人士"。这里指的正是曼弗雷德·麦瑟史密特和弗里策·维尔纳的研究成果《尽忠于纳粹主义的国防军司法——神话的崩塌》（1987年）。下一章也将就此书展开详细介绍。

从结果上来说，要判定军事法庭对鲍曼等人作出了不当的判决，必须看清很多被当作正确无误的观念、想法根本是谎言。这还需要社会形成普遍的历史共识，承认希特勒发起的战争是"侵略性、灭绝性的战争，是纳粹德国犯下的罪行"。事实上，这花了超过四十年。在此期间，不管是国家还是社会，都拒绝并抛弃了曾被定罪而又幸存下来的人，导致他们只能陷入贫困、沉默不语。

下文将详细描述死里逃生的逃兵鲍曼在战后的生活（与第一章相同，关于鲍曼的叙述主要参考自传（《问心无愧》、库尔特的采访以及笔者在2016年10月15日的采访）。

3　逃兵路德维希·鲍曼的苦恼和绝望

返乡后的鲍曼

1945年12月，就在圣诞节的数日前，鲍曼回到了故乡汉堡，叩响了自家的门。这一年的12月13日是他二十四岁的生日，从年龄上来说还完全是个青年。位于市中心的艾姆斯比特尔区遭到了猛烈的空袭，到处都是瓦砾。幸运的是，鲍曼家中没有一片玻璃损坏，还是1941年2月十九岁的他出征时的样子。

大一岁的姐姐格吕特雷德紧紧抱住平安回来的弟弟，再会的喜悦溢于言表。父亲奥托只是在一旁站着，看着他们，一句话也没说。在当时来说，六十五岁的父亲已是老人了。

奥托出生于德国东部城市马格德堡附近的小村落，是一户佃农的长男。长大后来到汉堡，在一家船舶公司担任会计。想必是因为工作勤奋，能力出众，他很快得到提拔，拥有了一定的社会地位。之后又投身烟草业，大获成功，在这个德国北部最大的城市汉堡成为了数一数二的烟草经销商。三十九岁时，他迎娶了同样来自贫苦家庭的特尔。她比奥托小十五岁。事业、家庭都一帆风顺，奥托已是能够定居在艾姆斯比特尔区的大富豪。他对唯一的儿子鲍曼寄予厚望也是人之常情。

儿时的鲍曼（前排左二）和姐姐格吕特雷德（后排左五）（Hitler's deserters）

然而在鲍曼上学后，父亲的期待落空了。在满分一百分的默写考试中，鲍曼常常只能得二三十分。后来，鲍曼提起自己曾患读写障碍（他成功克服了这一病症），但在20世纪20年代，关于学习障碍的知识尚未普及，所以奥托以为自己的孩子学习能力低下。因为默写考试不合格，鲍曼不得不留在一年级复读。母亲怀着拳拳爱子之心，倾尽全力教导鲍曼写字，他也刻苦学习到深夜，但成绩迟迟不见起色。

但姐姐格吕特雷德不仅擅长体育运动，算术也很出色，在各方面都比同龄人优秀。父亲十分喜欢姐姐。鲍曼在父亲面前总是畏畏缩缩，也不爱上学。父亲曾当面对他说："如果没用的你是女孩子，格吕特雷德是男孩就好了。"这对他是莫大的屈辱。

十四岁从国民学校毕业后，鲍曼没有按父亲的期许进入高级文理中学，为考入大学做准备，而是选择了砌砖工艺这一职业教育。开始实习后，灰暗的人生散发了光彩。鲍曼原本就喜欢土木建筑的工作，在这个领域，他终于发挥出了才能。鲍曼逐渐有了信心，一扫原本的自卑。

鲍曼曾说："十五岁时，我的世界彻底崩溃了。"因为在 1937 年 11 月的一场交通事故中，鲍曼失去了他最珍视的、永远温柔庇护着他的母亲特尔。特尔被一辆汽车碾过，当场死亡，享年四十一。好几周，他都茫然不知所措，再次振作起来时，他的性格已完全改变。严厉的父亲曾经让自己那么害怕，但现在，自己不仅身高超过了父亲，还敢反对他、说出自己的主张了。也许是母亲的死促使鲍曼终于找到了自我。姐姐格吕特雷德如母亲一般温柔接纳了这样的鲍曼。从少女时代起，格吕特雷德就受到风湿病的折磨，甚至有好几次不得不长期疗养，但始终关爱着弟弟。这份感情终生未变。

《希特勒青年团法》出台后（1936 年 12 月），希特勒青年团完全变成了准军事组织。但鲍曼直至最后一刻，都明确表示拒绝入团。可见，母亲死后，他不再掩饰自己对单方面被迫接受命令的痛恨。满十八岁之前，男子必须加入青年团，征募官多次来到鲍曼家中和实习的作业现场催促。他以各种理由推迟入团，超过法定年龄后，依旧没有就范。在这段时间，鲍曼作为"砖块基础工程"班的一员在北海的黑尔戈兰岛开始了长期作业。鲍曼知道，完成这个预备课程后，就可以跳过高级文理中学的毕业考试直接学习土木工程，因此也关系到将来能否成为土木和建筑相关的技师。

1940 年春，鲍曼顺利通过了汉堡工业职业学校的预备课程。接着，他和同学开始了六个月的全国志愿劳动，也就是在波罗的海沿岸建设海堤。此时，战事已越发激烈。1941年2月，土木工程的学习才刚刚开始，鲍曼收到了征召令。

不管多么厌恶纳粹主义，还是无法直接对服兵役说不。因为鲍曼知道，一旦自己拒绝入伍，父亲和疼爱自己的姐姐也会被那些热切盼望打胜仗的邻居指责为国家和民族的敌人，全家人都将面临严厉的惩罚。但他绝不愿意成为无条件尽忠于希特勒的士兵。事实上他也未曾屈服，在军队中依旧保持着一贯的态度。这给他的人生带来了天翻地覆的变化。鲍曼入伍后的种种经历，上一章已详细讲述。

从离家到返乡，鲍曼在外度过了四年十个月。经历了无尽的折磨后，终于从生死边缘活下来回到了家。但也许是战争后遗症的缘故，只要一躺下闭上眼，噩梦就挥散不去，身体像散了架似的疲劳不已。就这样，鲍曼、父亲和姐姐三人的战后生活开始了。

遭受谩骂和毒打的鲍曼

回乡后有一件必须要做的事，就是把友人库尔特·奥尔登堡的死告诉他的家人。鲍曼拜访了库尔特位于汉堡市万茨贝克的家，告诉他们库尔特比自己早两周被送往东部最前线，死于1945年初，具体情况不明。此时，汉堡市政府还未发出任何有关库尔特的通知，初次得知儿子死讯的母亲除了掩面哭泣，说不出任何话（在这之后，当局也一直把库尔特归为"失踪者"。在家属的申请下，1981年7月，区法院才认定库尔特死亡，死亡时间定为了1945年年末）。

鲍曼悔恨不已，邀请库尔特逃跑的明明是自己，结果自己活了下来，库尔特却死了。陷入强烈自责的鲍曼根本无法面对悲叹儿子死去的库尔特母亲。所以这之后很久，鲍曼都没能再拜访他们。

不知是出于难堪还是害怕，父亲奥托一次都没有提起过鲍曼逃跑的事。父亲说过："人必须履行自己的义务。"鲍曼逃跑失败后被单独关押，被关进托尔高军事监狱，被送进惩戒部队。关于这些经历，父亲从未问起过，鲍曼也一个字都没提过。

返乡后的生活开始了。鲍曼着手协助父亲的工作，在英国占领军的管理下，把大量香烟分发到各个地区。但没过多久，为了多赚钱，鲍曼劝父亲把香烟批发到黑市。没等父亲回应，鲍曼已经开始交易了。奥托生性认真踏实，对鲍曼的做法深感忧虑。但在生死边缘摸爬滚打过来的儿子，早已顾不上合法与否的问题了。以这种态度工作起来的鲍曼很快陷入了绝望的深渊。

鲍曼在1945年12月返回汉堡家中时，还以为从国防军逃跑会得到世人的认可。毕竟，希特勒的独裁体制已经垮台，自己是为了反抗独裁体制才逃跑的。鲍曼本以为，既然把国家和人民绑在一起的狂热政治标语"战斗民族共同体"几乎已不见踪影，把"最终胜利"讴歌为至高目标的国防军也已向联合国军无条件投降，那么人们对逃兵的看法也应该产生了变化。

但战争刚刚结束时的现实情况完全相反。在黑市不经意间说出自己曾经是逃兵后，一群同样当过兵的男性把他团团围住，殴打他，大骂他是"懦夫""军队的污点""叛徒"。全身是血的鲍曼为求保护，逃进了附近的警察局分局，打算控诉群殴他的人。

没想到，一说完事情经过，个别警察对他大打出手，比刚才一行人下手更重。鲍曼被打得鼻青脸肿，全身都是伤。寻求警察帮助的人竟在分局内遭受了更严重的暴行。从这件事上，我们可以推测出一些实情。

上一章提到，斯特凡·汉佩尔曾亲眼看见大批犹太人被射杀，开枪的正是由警察部队和党卫队组成的混合部队。根据克里斯托弗·罗伯特·布朗宁的调查研究（1992年），警察部队不仅负责维持治安，还作为特别行动队参与了大屠杀，成员几乎都来自汉堡的"第一百零一警察预备大队"就是其中一个例子（日译书《增补一群普通人——大屠杀和第一百零一警察预备大队》2019年）。这样的实例还有很多。那些参与过"杀人部队"任务的老兵，内心早已千疮百孔，虽然已经复员并返回了原来的工作岗位，但依然无法容忍鲍曼这样的逃兵。

也因此，鲍曼多年后在自传中写道，当年对自己施加暴力的也许就是原警察预备大队的成员。以此为戒，鲍曼再也没敲过警察局的门。

遭受暴行的鲍曼好不容易回到了家，但就在当晚，伴随着一片骂声，家里的玻璃窗被砸碎了大半。这是对父亲奥托的警告。这个时候鲍曼终于明白，大众对逃兵的看法和态度与纳粹德国时代无异。

即使德国已全面战败，国防军瓦解了，军队也解散了，但这并不影响大多数德国民众认为"士兵应当保持一定的风范"。"英勇无畏和尽忠职守是超越时代的美德"，这种社会意识依旧被很多人接受，直到20世纪90年代才松动（屈内·托马斯《战友意识》2006年）。正是受到这种主流思想的影响，鲍曼的父亲才会说"人必须履行自己的义务"。更何况，这些好事者都是从战地返乡的士兵，彼此是战友。但这份共同战斗的情谊不属于逃兵，因为逃兵曾经抛弃了他们，抛弃了那些死去的同伴。仅从这一点来说，逃兵也必须被烙上背叛的罪名，受人唾弃。

汉佩尔也经历了相似的不堪。20世纪50年代，他又从杜塞尔多夫移居到了亚琛。醉酒的警官大骂他是"胆小鬼""懦夫"，无法忍受的汉佩尔和警官大打出手，还闹上了法庭。只能做日结工作的他栖身在日结工人集中住宿区的小屋，常常和邻居喝得酩酊大醉，又沉迷赌博，但在他们之间，军队里的经历也是禁忌话题（《"当时是合法的……"——被国防军军事法庭裁决的士兵和市民》亚琛市民大学课程资料）。

沉溺于酒精的生活和父亲的遗言

在黑市，鲍曼也结交了一群帮他卖香烟的"坏朋友"，每晚都和他们去汉堡圣保利的红灯区饮酒作乐。虽然没有明说自己的经历，但这群人也都违反过军法或做过逃兵。和鲍曼不同的是，他们没钱也没有家人，找不到正经的工作，只能住在没有地基的小破屋。

被殴打后，鲍曼遭到越来越多的敌视和辱骂，甚至有人寄信到他家中，威胁他"赶紧服氰化钾自尽""自行了断赎罪"。鲍曼知道，在世人眼里，自己这样的逃兵就是"懦夫、军队的污点、叛徒"。他甚至认了这样的污名，开始自暴自弃，"我的人生毫无意义，我是个没用的人"。从此，鲍曼变得少言寡语，把关于战争的痛苦记忆深埋在内心深处，沉溺于酒精。和同伴们喝酒，买单的总是鲍曼，所以被他们捧成了"汉堡的国王"。

见到儿子这样日渐堕落,荒废光阴,父亲奥托自然担心不已,但他没有出口指责鲍曼。鲍曼还以为,连父亲都放弃了自己。1947年3月,父亲奥托去世,享年六十六岁。儿子被扔进死刑犯单独关押的牢房后,奥托就患上了胃溃疡,几年来不见好转,想必是操心过度的缘故。

需要补充的是,很多年后,鲍曼才终于看到父亲写给海军总司令雷德尔的特赦请愿书。他忽然发现,原来父亲也患有先天性读写障碍。不管是特赦申请书,还是之后询问结果的信,都由姐姐格吕特雷德代写。父亲奥托得知鲍曼患有这种遗传性疾病后,产生了什么样的情感,感受到了什么样的责任,我们不得而知。但在遗产的分配上,他确实做到了公平对待姐弟俩。

在遗书中,奥托给姐姐格吕特雷德和鲍曼留下了大笔财产。姐姐得到了现金,弟弟则有两公顷附带住宅的一等土地。奥托希望儿子能进大学读书,将来成为建筑工程师。但二十五岁的鲍曼完全不打算重新拾起人生。姐姐再三劝说他一起重建父亲的公司,但鲍曼拒绝了姐姐的多番请求,因为自己这种被社会瞧不起的人根本没资格继承公司,他选择继续堕落下去。

鲍曼把遗产卖给了姐姐,在闹市区的鹅市广场包下了一家酒馆,紧邻圣保利。从此,和那群狐朋狗友以酒为乐。三年内,就把遗产喝没了。不必说,他患上了严重的酒精依赖症。从鲍曼内心的真实情感来说,他本打算摆脱"战争造成的精神创伤",结果又被酒精困住了。

最终,姐姐格吕特雷德放弃了和弟弟一起重建公司的愿望。1950年,鲍曼送走了两条爱犬,财产也都散尽,他离开了故乡汉堡,辗转多处后抵达了德意志北部的不来梅（和汉堡一样同属州级市）。

在不来梅的重新开始和婚后生活

鲍曼成了一名窗帘推销员。想要换新窗帘时，人们会把旧的收起放在窗边。鲍曼的工作就是摁响这些人家的门铃，向他们介绍窗帘，拿到订单后以分期付款的形式出售，最后在汉堡的总公司完成结算。他很喜欢这份工作，踏实的工作态度也为他赢得了客户的信任。在此期间，他结识了年轻十二岁的女性瓦尔特劳德。温柔善良的她有着一头棕色的秀发，是七个兄弟姐妹中的长女，家境贫寒。

1951年，鲍曼二十九岁，瓦尔特劳德刚满十八岁，相亲相爱的两个人开始了同居生活。不久后，两人成婚，在居民区阿鲁塞尔开始了新的生活。瓦尔特劳德的父母也很喜欢鲍曼。岳父是德国共产党（当时该党在州议会的议员选举中得票率为百分之六，占六个席位）在不来梅的拉票员。一听说鲍曼痛恨希特勒，还是国防军的逃兵，立即对鲍曼大加赞许。不过，鲍曼始终没有告诉妻子自己做过逃兵，也从没提过战争中遭遇的种种非人经历。因为他单方面相信，对于比自己年轻十二岁的妻子来说，要理解这些事会是太过沉重的负担。

1952年，长男帕特尔出世，两年后是次男乌韦，又两年后有了长女海德，再隔了两年第三个男孩曼努埃尔出世，1962年，又有了第四个男孩安德烈埃。鲍曼对孩子们很温柔，孩子们也很仰慕他。但要维持一个家庭，仅有这些是不够的。身为丈夫的鲍曼一拿到收入就去喝酒，留给家里的钱少之又少。为了补贴家用，妻子瓦尔特劳德在镇上的工厂工作了一段时间，但为了照顾孩子，又不得不放弃。

瓦尔特劳德每天都为生计而劳心费力。鲍曼虽然心怀对妻子的爱意，但不愿意对任何人倾诉内心的苦闷，只是一味地喝酒，既无法摆脱战争带来的精神创伤，又愤懑于世人对逃兵的百般羞辱。

贫困的生活逼得年轻的妻子瓦尔特劳德开始向周围邻居借钱。为了不让孩子们挨饿，她甚至四处求人施舍面粉和土豆。这样的自己实在是太不堪了，绝望透顶的她曾试过自杀。沉迷酒精的鲍曼像个永远长不大的孩子，害妻子吃尽苦头，毁了她的幸福，也毁了自己的家庭。

妻子的死

1966年2月12日的夜晚，改变了鲍曼的命运。怀着第六个孩子的妻子突发超过四十一度的高烧，羊水也破了，流血不止。鲍曼把她送到医院后，主治医师设法保住了不足月的胎儿，但对奄奄一息的妻子已无计可施。医生告知鲍曼："夫人救不活了，有什么话趁现在说吧。"满身酒臭的鲍曼握紧妻子的手，看着她温顺的脸，轻声向她倾诉衷肠。在丈夫鲍曼的呜咽声中，妻子瓦尔特劳德静静地离开了人世，享年三十三岁。

鲍曼一生都活在负罪感中，"是我害死了妻子，如果死的是我就好了"。得知弟弟鲍曼一家情况危急后，姐姐格吕特雷德马上从汉堡赶了过来。为了照顾鲍曼的孩子，她甚至离开汉堡的家，搬到了位于不来梅东部奥斯特霍尔茨地区的加尔斯特。格吕特雷德天天都前往鲍曼家中帮忙，之后还请了保姆，甚至提供了经济上的援助。早产儿格雷戈尔平安出院后，过继给了已故瓦尔特劳德的妹妹。直到孩子满六岁，整个学龄前的阶段都由她帮忙抚养。

妻子死后，鲍曼终于清醒过来，他决定戒酒，好好工作，把孩子抚养成人。当时鲍曼以代销二手收音机和电视为生。可喜的是,他开始照顾长男、次男和其他三个子女,远比以前用心。但另一方面,即使生活已如此困窘,他还是戒不了酒。每晚都溜出家门,流连于酒馆。

瓦尔特劳德去世时,第四个男孩安德烈埃才四岁。突然没法黏着母亲了,他只好每晚都蜷缩在窗边的坐垫上等心爱的父亲回家,等着等着就睡着了。这个时候父亲鲍曼在做什么呢?他也蜷在酒馆的椅子里,哀叹妻子的离世,自虐般喝得大醉。日子就这样一天天过去了。在自传中,鲍曼如实记录下了自己当时的丑态,毫无隐瞒。对家庭的亏欠才是他一生最大的污点。数年之后,鲍曼真正戒了酒。在此期间,长男和次男都沾染上了药物,日渐成瘾。

1971年,鲍曼一家到了分崩离析的边缘。九岁的安德烈埃患上了强迫性的精神错乱,看到毛巾就把它展开又叠好,拿起裤子穿上又脱下,一遍又一遍重复这样的动作。

妻子死后,鲍曼本就对安德烈埃抱有强烈的愧疚。在重要的成长期内,自己作为父亲完全没有负起养育的责任。这一次,鲍曼彻底慌了,马上带安德烈埃去咨询心理疗法的专家。专家严肃提醒鲍曼:"鲍曼先生,再这样喝下去,孩子们就要被送到市青少年局去了!"

戒酒和重新振作

此时的鲍曼四十九岁,被当面宣布"是一个不负责任的父亲"。专家的话像是雷鸣般敲醒了鲍曼。近二十六年来,他都沉溺于酒精,自甘堕落。在此番冲击下,鲍曼终于决定摆脱这种生活。他问自己:"先是折磨妻子,害死了她,现在又要把孩子们的前程毁了吗？你这也算是个父亲吗？赶紧清醒过来吧！"

鲍曼终于想通了，"我要对六个孩子的人生负起责任，还有我自己的人生"。从这时起，他戒了酒，一滴都不再喝。鲍曼没有详谈他是如何克服酒精依赖症的，总之他下定决心要挽救被自己毁掉的人生，踏踏实实做个好父亲。这一次，他真的付诸行动了。

姐姐格吕特雷德提供了很大的帮助，孩子们常常会骑车到加尔斯特的姑妈家玩。六岁的格雷戈尔已经到了上学的年纪，鲍曼把他从妻妹家接了回来。在格雷戈尔眼里，鲍曼是伯父而不是父亲，他常躲在床底下，哭着要回"母亲家"。

长男和次男终于长大成人，他们离开了家独自生活。长女海德和第三个男孩曼努埃尔开始照顾两个更小的弟弟。孩子们常常会一起骑车到母亲瓦尔特劳德墓前扫墓。在瓦尔特劳德死后的第一年，鲍曼没有去过，因为对妻子太过愧疚而无法成行。但之后，鲍曼也开始每周骑车到墓前，久久地站着，向妻子说话。这已成了他生活中不可欠缺的一部分。但对孩子们的亏欠，他一生都无法释怀。

鲍曼五十岁以后的十五年间，等四个年长的孩子离家自立后，开始在不来梅福利机构和青少年局等处做辅助员的工作，勉强维持生计，总算抚养大了安德烈埃和格雷戈尔。多亏做了辅助员，鲍曼也获得了最低保障额的退休金。

如果没有姐姐和妻妹的帮助，鲍曼怕是难以抚养孩子。但不管怎么说，他最终还是尽到了父亲的责任，让六个孩子都长大成人。最让他担心的安德烈埃，之后成了和他关系最亲近的孩子。

成功戒酒一段时间后，原本混沌不清的大脑渐渐清醒过来。不过，关于战争的噩梦，尤其是"处刑队把自己拉出单人牢房后枪毙"的噩梦，依旧每晚都折磨着鲍曼，持续了一生。七十岁后，在专家的指导下，他开始接受针对男性病患的心理疗法。在持续治疗下，鲍曼的状况渐渐好转，可以开口吟诗，甚至还能唱歌，但噩梦始终挥散不去。

虽说如此，鲍曼身心的强韧依旧令人惊叹。在惨烈的战场上熬了五年，身负重伤，幸存后又长期依赖酒精，居然能振作起来成功克服，重新过上充实的生活。根据鲍曼死后的告别致辞（2018年7月6日），到九十多岁前，他都坚持骑车和游泳。

笔者实际采访鲍曼时，他已九十四岁。除了行走有些不方便，他始终保持着温和而亲切的态度，目光锐利，对话时头脑十分清晰。

我同时想到，鲍曼之所以沉溺于酒精，不仅是因为酒本身的魔力，更是为了通过喝酒来摆脱战争造成的心理创伤。戒酒后，这种想法改变了。他不再逃避痛苦的过去，开始直视自己在战争中的经历。

人是容易改变的，一直以来都被社会蔑视为"懦夫""人渣"，连自己也开始这么想。但正因为这样，鲍曼的决心才更加坚定。虽然荒废了很多时间，但必须重新拾起"战斗精神"，遵从自己的良知，伸张正义，为"善事"而献身。直面人生后的鲍曼想起了一句话。那就是上等兵约翰·卢卡舍维茨被军事法庭定罪后临死前在他耳边痛声疾呼的那句："绝不能让战争重演！"

挚友卢卡舍维茨的反战和平遗愿，成为了鲍曼后半生积极行动的出发点。鲍曼一边抚养孩子，一边挤出时间开始拼命自学。这并不是为了蜷缩在社会边缘苟活下去，而是为了继承卢卡舍维茨的遗志，不让友人库尔特·奥尔登堡的死毫无意义。鲍曼不再是一个丧了志的人,他终于重新活了过来。

　　本章讲述了在战后的德国,军事司法官们依旧是社会的精英,而被纳粹军事司法定罪的人却被国家和社会抛弃,过着完全相反的生活。鲍曼也在这种对比中痛苦挣扎过。二战结束近四十年后,他才终于摆脱这种苦闷,重新苏醒过来直视自己的人生。
　　下一章将以振作后的鲍曼为主轴,讲述逃兵寻求复权的经过。

第三章

"我们不是叛徒"
——历史学家的支持和社会舆论的改变

1 重新振作的鲍曼和逃兵复权的动向

20 世纪 80 年代

在鲍曼开始社会运动的 20 世纪 80 年代，西德发生了巨大的改变。70 年代，阿登纳的保守政治结束，被誉为"二次建国"的社会民主党维利·勃兰特政权上台。在勃兰特的领导下，西德同东欧诸国的关系得到了显著的改善。西欧发达国家的学生运动在 1968 年达到顶点，之后逐渐平息。西德的学生运动也坚持反权威主义的体制批判，不同的是，他们还力求探明曾经从军的父辈（"战争一代"）是否协助过纳粹，同时修正过去的错误。进入 80 年代，这些参加过学生运动的年轻一代（"六八一代"）成为了社会的中坚力量，在学界和政界展露锋芒，引领着社会的变革。随着世代交替，"战争一代"对社会舆论的影响力骤降。当然，在司法界也是如此。

1979 年 1 月，在一番激烈的争论后，美国电视电影《大屠杀——战争和家族》四部曲成功在西德上映，该剧讲述了一位犹太医师全家遭受迫害的真实经历。收看人数达到两千万，收视率一度飙升至百分之四十，引起了西德社会的轰动。这也归功于世代交替带来的影响。此时，保守的战争一代跳出来反对该剧的播放，认为这无非会掀起"煽动仇恨"的反德热潮。代表他们发言的就有原马尔堡大学校长埃里克·施温格，他依然具有一定的社会影响力。

1980年1月，绿党一跃跻身联邦级政党之列，党内主要领导人都是"六八一代"。绿党的主要纲领包括保护自然、反核、反纳粹、和平主义、解放女性和基层民主。1983年3月，这个新党一举打破"百分之五法则"的限制（得票率必须超过百分之五才能获得议会席位），在联邦议院内获得了二十七个席位。从此，继联盟党——由中间偏右的基督教民主联盟和基督教社会联盟（CSU、来自巴伐利亚州的姐妹政党）在联邦议院组成的党团、中间偏左的社会民主党和自由民主党（FDP，推崇古典自由主义）——之后，绿党也成为了德国主要政党。

当时，美苏军备竞赛日渐白热化，北约计划在德国部署新型导弹，德国人对一触即发的核战争充满恐惧。在这样的社会环境下，绿党迅猛发展。简单来说，东西德站在了冷战最前线。东德境内有五万苏联军常驻，西德境内除了联邦军外还驻扎了三十万美军，主要分布在德国西南部的拉姆施泰因空军基地以及海德堡、斯图加特和曼海姆等城市，这些地方都已部署了数千枚瞄准射击目标的核弹。此外，里根新政权对苏联态度强硬，双方剑拔弩张，军事冲突不断，这激起了西德人民强烈的危机感。在如此紧张的事态下，反核和平运动随之高涨，比如，有三十万人参加了首都波恩的和平集会（1981年10月）。而1986年4月发生的切尔诺贝利核电站事故更是带来了巨大冲击。本就格外热爱自然、珍视山川湖海的德国人，迎来了前所未有的反核电自然保护热潮，市民运动（居民运动）此起彼伏。

参加和平运动的鲍曼

鲍曼的社会活动正是从这些反核和平运动开始的。友人约翰·卢卡舍维茨被处死前的那句"绝不能让战争重演！"促使他加入了活动的行列。鲍曼参与了从1980年到1981年的所有游行，包括首都波恩的和平游行。除了和大家一样举起横幅（"欧洲不能再次卷入战争"）游行外，他对"一个世界运动"（抗议贫困、饥饿和发达国家对第三世界的剥削等问题）也产生了共鸣。1985年，六十三岁的鲍曼开始独自行动。

每周四下午5点到6点，鲍曼都会在身前身后挂上用瓦楞纸做的宣传板，如同一块三明治，一动不动地站在不来梅闹市区的主干道旁，周围挤满了下班后前来购物的市民。宣传板上写道：

（胸前）我们每天都消耗大量的食物，把世界当作一个大型商场，肆意索取。在欧洲共同体，每天都有价值一亿两千万马克的食物因无人购买而被储存起来，最终被处理。就在我们如此浪费食物的同时，有四万个可怜的孩子在苦苦挨饿。

（身后）我们拥有的早已过剩，却还想索取更多，这种贪婪造成了世界上其他人的饥饿和贫困。（中略）权力和财富集中在少数人手中。正是为了维持这种

把自己包成三明治模样的鲍曼（《活动记录》）

不平衡，他们才不断扩充军队。

（鲍曼《自传》）

路过鲍曼身边的行人中，有人向他表示赞同，也有人嗤之以鼻。只要有人上前交流和询问，他都会一一回应。话题从消费、西方世界自由社会、人性到个人责任。被作为逃兵犯关押在埃斯特韦根军事惩戒集中营时，鲍曼曾遭受极端的饥饿，这段经历使他无法对浪费食物的问题袖手旁观。

持续了两年后，在不来梅州和下萨克森州都有着较高发行量的日报《威悉河-克里尔》以《改变社会风向》为题，重点报道了鲍曼的行动（鲍曼《1985年至2015年复权运动活动记录》，以下简称《活动记录》）。

不来梅的绿党也对鲍曼的行动表示了支持，与他保持着密切的联系。绿党曾多次邀请鲍曼出任地区党干部，但都遭到了拒绝。鲍曼终生未加入任何政党，自始至终都是一个"独立于众人的孤高战士"。

1986年12月，孩子们纷纷离家自立，年满六十五岁的鲍曼也开始领取最低保障额的退休金。日子虽然清贫，但自由活动的时间变多了。他继续积极参与反核和平运动和反种族隔离运动。

鲍曼常常把这些社会活动讲给六个孩子听。有的孩子以他为荣，也有孩子表示诧异。就像亡妻瓦尔特劳德从不知道鲍曼曾是逃兵，一直以来，孩子们也对此毫不知情。但在1986年，鲍曼开始重新思考这个决定了他一生命运的逃兵问题。最后，他把一切如实告诉了六个孩子。

在讲述其中的经过之前，首先要向读者交代逃兵问题是如何得到关注的。

"菲尔宾格事件"

政治家、巴登-符腾堡州州长汉斯·菲尔宾格（1913—2007）是基督教民主联盟的重要人物，曾被拟定为党内的西德总统候选人。自20世纪70年代起，菲尔宾格就积极推进核能建设，1975年，还计划在已有十三座核电站的巴登-符腾堡州内再增建五座。这种处处倚仗强权的行事风格掀起了激烈的反对浪潮，菲尔宾格的过去也终于被揭开。首先，菲尔宾格曾是纳粹党员。但在这一点上，从联邦政府总理基辛格（基督教民主联盟主席）到基督教社会联盟的多位主要领导人都加入过纳粹党。直到勃兰特政权上台，这种情况才有所改变。其次，从1943年到1945年，菲尔宾格曾任海军司法官。这样的履历被公开后，他和其他原军事司法官采取了相同的辩解策略，一口咬定"自己也是曾经反抗过希特勒的法官"。

没想到，剧作家罗尔夫·霍赫胡特（1931—2020）通过文学作品揭露了罗马教皇以及政治家在纳粹统治时期的所作所为，也曝光了菲尔宾格在海军时代的行径。

1978年2月，在面向精英阶层的德国知名报刊《时代周报》上，霍赫胡特介绍了部分作品中对菲尔宾格的指控。霍赫胡特称他为"可怕的法学家"，并指出这位原海军法官"在希特勒死后，依然以纳粹法律给德国水兵定罪"。霍赫胡特甚至写道："要不是熟知菲尔宾格过去的人都保持沉默，他哪来的自由

汉斯·菲尔宾格（摄于1978年）（Hitler's deserters）

之身？"

同年 5 月，震怒于这篇报道的菲尔宾格把霍赫胡特和《时代周报》告上了斯图加特地方法院，控诉他们损害了自己的名誉。由此，全国上下都知晓了这桩"菲尔宾格事件"。之后，菲尔宾格还被揭露曾在挪威的奥斯陆，以逃兵罪判处了二十二岁的格雷戈尔和另外三名年轻水兵死刑。

埃里克·施温格作为军事刑法的专业鉴定人出庭为菲尔宾格辩护，声称菲尔宾格在"法律上和道义上都没有罪责"。在战后的司法界，施温格始终被视为军事司法问题的权威。一般司法界的法官缺乏军事知识，所以格外重视施温格的意见。日后，鲍曼曾这样说道："施温格这种人把军法看得比什么都重要，他只担心世人如何看待军事司法官，那两万五千个被处死的人根本不在他眼里。"意想不到的是，同年 7 月，斯图加特地方法院判定霍赫胡特的报道属于言论自由的范围，驳回了菲尔宾格的起诉。

不满判定结果的菲尔宾格没有罢休。他直言全世界都会处死逃兵，何况极刑在前线本就寻常，还再三申诉道："当时合法，现在就变违法了，这算什么道理。"菲尔宾格本想用法不溯及既往这条原则来证明自己的行为合理，结果反而火上浇油。

1978 年 5 月，全国性周刊杂志《明镜》详细报道了菲尔宾格的这番言论。7 月 10 日发行的《明镜》更是以菲尔宾格的照片为封面，推出了以"死神法官菲尔宾格"为标题的特辑报道。文中揭露了纳粹军事司法残酷无情的真面目，并质疑原军事司法官们是否真如他们一致辩解的那样，违背希特勒的命令、正义执法。此外，文中还指出，德国无条件投降后，军事法庭仍以维持军队纪律为借口，对逃兵施以极刑。《明镜》猛烈批评此举有违人道（联合国军在 1945 年 5 月 4 日发布的"第一百五十三号法律"已明确要求停止执行"1938 年军法")。随后，全国性报纸《法兰克福汇报》等媒体也集中报道了"菲尔宾格事件"，纷纷作出谴责。最终，基督教民主联盟内部也不再支持菲尔宾格，同年 8 月，他辞去了州长的职位。（沃尔弗拉姆·韦特编《菲尔宾格——一个德意志人的发迹小传》，2006 年）

直至 20 世纪 70 年代，"毫无瑕疵的国防军"和"毫无瑕疵的纳粹军事司法"的说法从未遭到任何质疑。以"菲尔宾格事件"为契机，各家媒体都开始重新审视其中究竟。在此次事件前一年的 1977 年，由埃里克·施温格编辑、奥托·施韦林撰写的《纳粹时代的德国军事司法》作为唯一的正史，几经修正后终于出版。他们预料到军事司法迟早会受到各方质疑，所以试图用所谓正史来堵住人们的嘴。而"菲尔宾格事件"无疑打破了原军事司法官们的如意算盘。

纳粹军事司法严惩的逃兵问题也顺理成章地受到了关注。在此之前，逃兵一直处在社会边缘，甚至谈起他们也像是一种禁忌。终于，时来运转，人们开始畅所欲言地讨论逃兵问题。

2 人们开始追悼逃兵

卡塞尔市议会针对纪念碑的讨论

20世纪80年代,卡塞尔、不来梅、达姆施塔特、哥廷根、乌尔姆和慕尼黑等德国多地都出现了重新审视纳粹时期逃兵问题的动向。在首当其冲的卡塞尔市,这样的动向始于1981年11月,契机是绿党议员乌尔里希·雷斯塔特(1940—)(1981年至1985年在任)在市议会上发表的相关提议。雷斯塔特是残疾儿童特殊教育学校的教师,工作之余依旧潜心学习政治学和哲学。愤慨于"菲尔宾格事件"的雷斯塔特向当地报纸《城市快报》投稿,提议在卡塞尔市为水兵格雷戈尔这样死于纳粹军法之下的逃兵建立纪念碑。就当时的社会认知来说,提出这样的建议需要很大的勇气。所幸绿党一向以反纳粹、反扩军以及和平主义为基本方针,雷斯塔特咨询了绿党的执行部门后,在市议会上提出了建立纪念碑的议案。在卡塞尔市议会中,社民党与绿党共同组成了多数党,在野党包括相对保守的基督教民主联盟和自由民主党。雷斯塔特在议会上的发言大致如下:

> "7月20日密谋案"的参与者被表彰为反抗纳粹的英雄,对于无所傍身的平民士兵来说,只能以脱离军队逃跑的方式消极抵抗。但直到今天,他们依旧摆脱不了罪犯的

污名，受尽世人的贬低。在全国各地的阵亡者纪念碑上，人们礼赞战死的士兵尽忠职守，为保卫祖国的安定和荣誉挺身而出，实现了英雄式的死亡。但这么做真的对吗？那些和我们同样来自卡塞尔的士兵，因为不想卷入战争而被纳粹信徒处死，他们难道不值得我们的哀悼吗？在这些死去的逃兵身上，也有着我们不应该忘却的重要历史价值。我提议，为他们建立纪念碑，铭记我们的哀悼。
（《时代周报》1981年第50号、《明镜》1985年第30号）

在这段发言中，雷斯塔特把平民士兵的逃跑赞誉为"消极抵抗"。在此需要补充一段历史事实。

20世纪60年代，黑森州检察长、犹太法学家弗里茨·鲍尔（1903—1968）主持召开了"法兰克福、奥斯威辛审判"（审判参与大屠杀的奥斯威辛纳粹要员）。鲍尔在纳粹时期成功逃离了德国，战后又返回，这样的经历在纳粹审判者中十分罕见。1952年3月，在著名的"罗马厅审判"中，鲍尔把"7月20日密谋案"定性为反纳粹抵抗，撤回了被处死的参与者在法律上的罪名。

但鲍尔不仅希望为这些反抗纳粹的军队高官或社会精英复权，他还想为"红色交响乐团"等同样反纳粹的普通市民平反。因为鲍尔和他仰慕的法哲学家古斯塔夫·拉德布鲁赫一样，坚信纳粹德国是"非法国家"。只不过在当时日益激化的冷战气氛下，"红色交响乐团"的成员被认定为苏联间谍网的同党而受到社会的敌视，因此鲍尔无法公开表示对他们的支持。

进入20世纪60年代后半期，鲍尔决定不再顾忌司法界的主流意见，坚持自己的主张。当时的司法界（尤其是联邦最高法院）不承认路易丝·吕尔斯这样的普通市民做出的反纳粹行动，并认为"只有精英阶层才有权反抗希特勒"。对于这种态度，鲍尔批评道：

第三章 | "我们不是叛徒"——历史学家的支持和社会舆论的改变

"对于只能被动接受暴力统治的人来说,他们的义务仅限于消极抵抗、不作恶和不参与非法行为,这是基本的原则。不可能要求所有人都积极抵抗。"

鲍尔认为,对于每天生活在纳粹统治下的普通市民来说,拒服兵役和逃兵是一种值得称赞的"消极抵抗",这是他们唯一能实际采取的行动。

直到20世纪80年代,鲍尔关于普通市民抵抗权的观点都无人问津。世人普遍认为,反抗纳粹是"精英阶层才有权做出的行动"。雷斯塔特继承了鲍尔的思想,作为反纳粹和平运动的一环,呼吁社会重新审视逃兵问题。

然而,雷斯塔特的提案遭到了保守派在野党议员的强烈反对。他们无法理解,竟有人认为逃跑是消极的反纳粹行动。这些议员的反对意见诸如"逃跑就是逃跑,无需多言""就算现在是民主国家,也没有人会尊重逃兵""逃兵这条罪本就足以判刑"。从议会外也传来了反对的声音,为首的就有上一章提到的"德国军人联盟"(该法人团体成立于1951年,后成为由国防军退伍、退休人群组成的非官方组织,与政府关系紧密,人员日渐庞大。在1987年,包括下属的组织在内,共有四万名成员)。该联盟的卡塞尔支部鼓动一般市民共同对议会施压,声称一旦逃兵得到追悼,将取消阵亡者追悼仪式。

在这样的反对声中,连共同执政的社民党议员也开始质疑雷斯塔特是否操之过急。于是,为了做好提案的准备,绿党邀请学术界调查卡塞尔士兵逃跑和拒服兵役的实情。

三年后的1984年,受邀的卡塞尔大学政治学家约尔格·卡姆勒提交了调查报告。报告中指出,一百十四名"反对纳粹战争政策"的士兵中，有五十六人被判处死刑，他们的轻微违法行为遭到了严酷的裁决。报告还包含了上一章提到的阿尔弗雷德·盖尔等三名海军无线兵的审判记录，他们在战后仍然因逃兵罪被行刑。他们三人只是"以为战争已经结束了，所以打算回家去"，就被定罪为逃兵。这样的案例揭露了军事司法官如何把军法奉为教条、不近人情。

第二年，卡姆勒把报告整理成书，命名为《"因厌倦了杀戮而投降……"——少数拒绝和反抗的卡塞尔士兵（1939—1945）及相关资料》。出版后，这本书成为了逃兵和军事司法领域的先驱性著作。1940年出生的卡姆勒在接受采访时说道："长期以来，战争一代拒谈逃兵问题，认为这根本不值一提，但在我们这一代出生在战争中的人看来，逃兵问题越发显示出重要的历史价值。"（《明镜》1985年第30号）正是因为有了这样的调查经历，卡姆勒才能在之后协助鲍曼等人的复权运动。

1985年2月，距离雷斯塔特首次提出倡议已经过去了四年多。基于卡姆勒的调查报告，绿党再次提交了设立逃兵纪念碑的议案。这一次，在野党议员的反对被驳回，市议会通过了该提案。战后的四十年间，大多数历史学家对纳粹时期的逃兵问题毫不关心，甚至不愿提起逃兵。也因为这样，卡塞尔市议会的决议才吸引了全国上下的关注。

到2019年，德国境内共有超过十万座阵亡者纪念碑，四十一座逃兵纪念碑。卡塞尔最先为逃兵设立了纪念牌匾，上面写道：

　　追悼因反抗纳粹、拒服兵役而遭受迫害和残杀的卡塞尔士兵。

　　　　　　　　卡塞尔市　1985年2月4日市议会决议

原逃兵奥托·艾舍的声明

就在卡塞尔市决议通过设立逃兵纪念牌匾的 1985 年,奥托·艾舍(1922—1991)以战后四十年为契机,公开声明自己曾经是逃兵。读者或许听说过艾舍,他是全球知名的平面设计师,20 世纪德国的代表人物,曾出任 1972 年慕尼黑奥运会的综合设计师,借助奥运会普及了象形符号。德国汉莎航空的商标也出自艾舍之手。

艾舍出生于巴登-符腾堡州的乌尔姆市,是著名反纳粹组织、大学生反抗团体"白玫瑰"的成员,与汉斯·绍尔①、苏菲·绍尔兄妹的末弟维尔纳·绍尔自年少时就十分亲近,和绍尔一家兄弟姐妹都是好友。厌恶希特勒独裁的艾舍坚持拒绝加入希特勒青年团,因而未能从高级文理中学毕业,后在十九岁应征入伍。1945 年 1 月从东部战线逃跑,直到战争结束前都藏身在绍尔家的地下室中。战后,艾舍和苏菲的姐姐英格·绍尔结婚,协助妻子在乌尔姆市创建了民众高等学校(成人教育机构)。之后又和妻子与设计师马克斯·比尔共同创办了乌尔姆造型学院。在 1985 年出版的著作《战争内情》中,艾舍详细讲述了一生的经历,谈到了与苏菲·绍尔交友、"白玫瑰"成员在慕尼黑被行刑,以及自己从战场逃跑的过去。

艾舍十分清楚世人对逃兵的偏见和反感。即使他已经是国际知名的设计师,公开自己的逃兵身份依然需要巨大的勇气。艾舍同样清楚地认识到,纳粹国家是罪恶滔天的"非法国家"。以下是艾舍的自白:

> 我是逃兵吗?
> 如果我是逃兵,那就必定存在一个束缚我、把义务强

---

① 汉斯·绍尔(1918 年 9 月 22 日—1943 年 2 月 22 日)出于人道主义和基督教教义的精神反对纳粹主义,与妹妹苏菲·绍尔因组织和参加白玫瑰的活动而被处死。

20世纪50年代初期,奥托·艾舍和绍尔家的长女英格·绍尔(右)、次女伊丽莎白(中)积极投身于民众高等学校的教育活动(F. Geyken: Wir standen nicht abseits. Frauen im Widerstand gegen Hitler, 2014)

  加给我的权力机关。这个机关在哪里?是国家吗?那个所谓国家,也就是纳粹德国,用非法手段控制了整个德国。不过是一个抢到了最大、最终权力的政权,徒有国民国家①的形式,其实废除了所有正当的执政方式。这个纳粹德国也被赋予了行政职能,手握权力而忘乎所以,自以为所有人都会宣誓忠诚,那些心有不服的也迟早会臣服。(中略)这个发动战争、烧死别国人民的国家,凭什么要我尽忠?我每一天都在祈祷,这个无情践踏了德意志一切

---

① 日语中的"国民国家"对应英语的"nation-state",一般译为民族国家。指人民对国家忠诚、领土边界清晰的国家。这一概念诞生于英国、法国等西欧近代国家,nation 指单一民族或具有共同理念的团体,在此基础上实现了人民主权、三权分立等政治理念,国旗和国歌等体现人民团结一致的象征也随之出现。

美好事物的纳粹国家早日毁灭。

(《战争内情》)

艾舍直言不讳地把纳粹德国斥作"非法国家",在他看来,逃兵不是祖国的叛徒也不是懦夫,这些看清了纳粹德国真面目而逃跑的士兵甚至应该获得世人的称赞。得知故乡乌尔姆决定建立逃兵纪念碑后,艾舍摘抄下了这段文字,从中可以看出他的想法。

什么是第二次世界大战的士兵纪念碑?
这样的纪念碑绝不是为我们而建的。因为我们每个人都是这场战争的发动者。
在第一次世界大战中,人类用炸弹和毒气作战,劳财害命。到了二战,人类更是在道德和政治上全面退化。士兵沦为批量生产的工具,战斗的目的只有一个:把疯狂的政治野心变为现实。(中略)士兵之间没有分别,都是被扔进侵略战争的消耗品。他们没有自制力也没有自尊心,从人堕落为无条件服从国家宣传机器的动物。
虽然这是普遍情况,但也有少数人设法避免了这样的绝境。如果说在二战中还有英雄,那就是看清了战争的本质、从战争中逃走的人。
所以,如果要建立英雄纪念碑,那就只能是逃兵的纪念碑。

(《序文 关于纪念碑的思考》,诺贝特·哈泽《德国的逃兵》,1987年)

反抗疯狂政治野心的逃兵才是值得追悼的对象。这番对纳粹时期逃兵的全新解释,与艾舍的反战和平思想不谋而合。并且在艾舍看来,西德基本法中有关"拒绝兵役"的规定并不是特殊条例,而是基本的"人权规定","代表了逃兵真正的立场"。基本法的第四条第三款规定中写道:"任何人都有权因违背良心而拒绝携带兵器服兵役。"

不来梅的"无名逃兵"追悼像

继卡塞尔市之后,鲍曼居住的不来梅也出现了追悼逃兵的提议。一开始,为了反对北约的新型核弹部署,原联邦军军人成立了"拒服兵役的预备役士兵团体"。1983年10月,八十名该团体成员在不来梅车站前的广场内宣誓拒服兵役,把参军手册还给了兵员补充局。

第二年,西德和比利时等西欧诸国纷纷开始部署导弹。在西德的各大城市,抗议游行频发。这个由原联邦军军人组成的反对团体也一边学习,一边积极组织抗议活动。他们认为,从军队逃跑是"一种拒服兵役的方式",反纳粹逃兵就是典型例子。从这个观点出发,他们自发设立了纪念碑,警示人们吸取历史教训:任何人都不应该被强制拖入战争。

1986年4月初,反对团体把自制的雕像放在不来梅市政厅前,向市民展示。这是一个仅有头部的士兵雕像,他闭着眼,头戴北约比利时军专用的铁质头盔,上面绑着一层伪装网罩。这个石制雕像固定在高一米二的水泥方柱上,柱子嵌着写有"献给无名逃兵"的标牌。在安置这个纪念雕像的过程中,爆发了激烈的争执,导

戴着铁质头盔、不知姓名的逃兵雕像,放置在弗格萨克市民中心大厅的入口处(本书作者拍摄)

致士兵的嘴角出现破损，不过雕像暂时还是被摆放在市政厅内。

驻扎在不来梅西北部施瓦内韦德的联邦军旅团总部对此举表达了强烈的不满。赫尔穆特·科尔（1930—2017）（1982年至1998年在任）内阁的国防部部长曼弗雷德·韦尔纳甚至向不来梅市长施压，如果不撤走这个雕像，将不再从不来梅购入军事物资。1982年，与自由民主党组成联合政府后，基督教民主联盟的科尔上台，取代了社会民主党的赫尔穆特·施密特（1918—2015）（1974年至1982年在任）。韦尔纳提出了两点理由：首先，雕像模仿的是比利时军士兵；其次，"这样的雕像简直把逃跑宣传成了联邦军的道德义务"。

最后，纪念雕像转移到了不来梅市北部的弗格萨克，被放置在该市市民中心的大厅入口。联邦军旅团随即下令严禁士兵进入市民中心。电视台和报刊铺天盖地地报道了围绕着纪念雕像的一系列事件。多年后，人们对这件事正确与否的争论依旧没有停止。

鲍曼的决心

鲍曼虽然十分关心这些年有关追悼逃兵的社会动向，但一直都控制自己先静观其变。然而这一次，事情就发生在咫尺之遥，这使他无法再保持沉默。鲍曼就居住在弗格萨克一幢小公寓的三楼，离市民中心很近。在市民中心，他凝视着那座雕像，感受到这个"紧闭双目、嘴唇不完整、表情绝望的小雕像"，无疑就是"为自己这样的逃兵而作的纪念碑"。

在雕像前，鲍曼陷入了沉思。逃兵的经历改变了自己的一生，但从今往后，不应该再沉湎于过去。一直以来，逃兵被抹杀、被无视。这样的自己被国家抛弃，无法融入社会，丧失了任何希望，熬过一日又一日。现在，是时候找回逃兵的人生，找回被夺走的"人的尊严"了。如果不这么做，"永远会有人站在国家的角度，把逃兵批评为社会进步的障碍，自己便永远无法摆脱惩罚"。这一点，从当局对"无名逃兵"这座雕像的态度就可见一斑。

鲍曼的反战和平活动，继承了亡友卢卡舍维茨的遗志。以不来梅设立雕像一事为契机，鲍曼决定向前更进一步，为了不让友人卢卡舍维茨和库尔特白白死去，必须团结那些曾被纳粹军法定罪、只能忍气吞声生活在社会边缘的人，一起寻求恢复权利。就此，鲍曼定下了后半生艰难而远大的行动目标：改变世人对逃兵的负面看法，影响政治走向。

1986年秋，即将六十五岁的鲍曼完成了第一件事。为了寻回几乎已经被遗忘，或是被封存起来的记忆，经由不来梅公共档案馆介绍，鲍曼来到位于亚琛近郊的科尔内利明斯特，从这里的联邦档案馆分馆（收藏着国防军的裁决文书）借阅了自己的军队记录。曾经驻扎的法国海湾被占地区虽然属于战地，但远离冲突，在军事上处于胶着状态，所以记录被完整地保存了下来。内容包括"判决书""审讯笔录""死刑裁定书""特赦请愿书"等，记录了四十年前的自己。看着手中这沓厚厚的文件，鲍曼大脑一片混乱，无法专心读下去。于是，把文件复印后带回了家，一点点慢慢地消化，让记忆复苏。

鲍曼这么做的理由不言而明。在希特勒发动的二战中，脱离正轨的军事司法被付诸实践，作为目睹了其中实情的"时代见证人"和"历史记录者"，必须站出来向世人讲述自己的经历。

"我曾是个逃兵"——鲍曼的行动

公开承认自己曾经是逃兵后,鲍曼展开了诸多行动。其中一项,是向即将服兵役的青年讲述过去。

每隔三个月的清晨,鲍曼都会来到不来梅中央站一号线的站台,向等待联邦军新兵专用列车到站的青年宣讲,告诉他们如果违背良心便可拒服兵役。一开始,铁路治安警察叫停了鲍曼的行为,并禁止他进入车站。但鲍曼没有就此放弃。1988年,地方法院和地方高级法院作出裁决,允许鲍曼在不影响其他旅客的情况下,继续开展宣讲活动。1988年9月和1992年4月,日报《威悉河-克里尔》两次报道了坚持宣讲从未缺席的鲍曼。以1988年的报道为例,该报对鲍曼的描述如下:

在不来梅中央站,鲍曼向青年们敞开心扉(《活动记录》)

114

鲍曼说道:"你们一眼就能看出来,我已经是一个老人。在二战中,我做过逃兵……"面前这些剃短了头发的十八岁青年,大多都饶有兴致地听着鲍曼的发言,或者半信半疑但又觉得有趣。前来送行的父母却纷纷怒斥鲍曼口出狂言。在他们看来,孩子明明只是去履行义务,又不是上战场,轮不到老兵来操心。曾有三个警察上前制止他,命令他离开。鲍曼面无惧色,告诉他们"去问你们的上司,我拿到许可了",接着推开他们的手继续宣讲,声音甚至比之前更洪亮。"我们对财富的掠夺,造成地球上每天有十万人在挨饿。权力和财富总是集中在少数人手中,集中在少数地区。总有人会起来反抗这种不平等的关系。从古至今,士兵都会被派去镇压。不过,有好几种方法可以脱离联邦军。希望你们可以从过去的历史中学会这些方法。如果委派的任务与自己的良知冲突,你们可以拒绝。绝不能为恶而战斗,要学会用基本法保护自己。希望你们记住,如果不愿意拿起兵器服兵役,你们还有别的选择(拒服兵役者必须以社会服务劳动代替)。此外,即使你已经是联邦军的一员(《军人法》规定士兵有权拒绝犯罪性命令),也要常常这样自我反省:如果自己现在不是士兵,而是普通市民,还愿意服从这样的命令吗?不论如何,绝不能参与违背良知的行动。"

从这段文字中可以看出,鲍曼在人群中格格不入。但越是困难,他就越是要向年轻人传达自己的想法。鲍曼是从生死边缘振作起来的人,对他来说,这种考验本就是小事一桩。他说道:"我们拥有自由表达的权利。只要是积极勇敢参与公共生活的市民,谁都可以做这样的宣讲。"

值得注意的是,鲍曼呼吁年轻人用基本法保护自己,这与上文奥托·艾舍有关拒服兵役的主张有共通之处。虽然两人并不相识,但年龄相仿,也都反对纳粹和希特勒青年团,在1985年和1986年相继公开自己曾经是逃兵。公开逃兵身份的名人不仅有艾舍，还有作家阿尔弗雷德·安德森（1914—1980）和诺贝尔文学奖得主、作家海因里希·伯尔（1917—1985），伯尔的发表在死后公开。二人都热心于和平运动，并以逃兵为主题写作，但他们没有直接参与逃兵的复权运动。在这一点上，艺术家艾舍走得更远。艾舍在乌尔姆的市中心为"白玫瑰"的绍尔兄妹设立了追悼纪念碑，还积极组织逃兵的追悼活动，并加入了复权运动。但在 1991 年，艾舍在一起汽车事故中意外逝世。可以说，艾舍的未竟之事交付给了鲍曼。

复权运动的兴起

1990 年 10 月，以鲍曼为核心人物的全国性组织成立，正式开展复权运动，主张被军事法庭定罪的人是"纳粹军事司法的受害者"而不是"罪犯"。在此之前，全国范围内都出现了各式各样声援逃兵、呼吁社会关注逃兵的活动，引起了广泛的讨论。从 1980 年到 1995 年，在西德和之后完成统一的德国国内，共出现了超过六十个主张为逃兵复权的团体。他们在绿党地方议员以及和平运动家的领导下，积极开展行动。石田勇治认为，正是因为有了绿党这个诞生于年轻群体中的新兴政党，"被遗忘的纳粹受害人"才终于成为亟待解决的人权问题，受到社会的广泛关注。在我看来，这样的评价恰如其分。

1989 年 9 月，鲍曼与女演员汉内·希奥布（1923—2009，剧作家布莱希特的女儿）以及原逃兵、作家格哈特·茨韦伦茨（1925—2015）等人合作，组成了小型剧团"逃跑的步兵"，在波恩、汉堡和慕尼黑等德国各地巡回演出，用表演的方式呼吁公众思考逃兵问题。（《自传》）

众所周知，德国在 1990 年统一，东西德边境在前一年的 11 月突然开放。我询问鲍曼："为什么直到 1990 年，'全国协会'才成立?"鲍曼回答道："答案很明显，任何国家都不可能认可逃兵。"鲍曼的意思是，大众需要很多年才能理解，"从军队逃跑令人不齿"这种社会的普遍信念不适用于纳粹军事司法统治下的士兵。统一后，东西德的军队不再针锋相对，意识形态的对立消失。有了这样的大前提，人们终于能更加客观地评价纳粹时代发生的事。用鲍曼的话说，"时机成熟了"。

要破除"普遍信念"，首先必须推翻扎根于人们心中的传统观念。同时，还需要客观的历史事实证明司法对逃兵的迫害。并且，只有部分相关人员掌握这样的证据是不够的，必须广泛传播，促使社会大众理解其中的深意。到 20 世纪 80 年代后半期，基于相关研究调查的学术书籍终于出版。这是逃兵得以复权的关键。下一节将简单介绍其中的经过。

3 对纳粹军事司法的批判
——施温格 VS 麦瑟史密特、维尔纳

《纳粹时代的德国军事司法》的出版

一说起"纳粹军事司法",人们往往以为这属于某种细分研究领域,外行人不应当轻易评论。的确,对纳粹军事司法的研究,既是德意志军事史的一部分,也属于德意志法制史,是历史学和法学的一小块交叉领域。正因如此,虽然在军事史研究方面已形成了军事思想、战争史和战略史等多种学科,但直到20世纪70年代,还没有军事史专家出版直接探讨纳粹军事司法这一主题的书籍。法制史的情况也是如此。

在这样的背景下,埃里克·施温格编辑的《纳粹时代的德国军事司法》(1977年2月)成为了先驱性著作。不过,此书的出版也经历了几番波折。

上一章强调过,自1957年的决议通过后,为纳粹军事司法撰写正史便成了"原军法专家联合会"最重要的课题。一开始,第一任联邦最高法院首席法官赫尔曼·魏因考夫(1894—1981)在1962年策划了系列书籍《德国司法与纳粹主义》,《纳粹时代的德国军事司法》原本将作为其中一卷,共同由慕尼黑现代史研究所出版。原空军司法官、联邦最高法院首席检察官奥托·施韦林(1904—

1976）用四年多完成了军事司法一卷的原稿，但遭到了研究所的拒绝，理由是"加入了过多对军事司法的辩解"。所长马丁·布罗萨特（1926—1989）是大屠杀和日常史等研究领域的先驱学者，声誉卓著。即使策划人魏因考夫多番催促，布罗萨特也没有改变研究所的决定。于是，《纳粹时代的德国军事司法》未被收录进系列书籍《德国司法与纳粹主义》，近十年内都未能出版。

慕尼黑现代史研究所因纳粹主义研究而闻名，上一章提到的纳粹司法研究者洛塔尔·布鲁赫曼也是研究所的一员。他细致调查了国防军三军军事法庭的相关资料后，撰文报告了三军尤其是海军司法的真实情况，发表在研究所的《季刊现代史》（1978年）上。他甚至还找到了原盖世太保就格奥尔格·埃尔泽（1903—1945）在慕尼黑的啤酒馆暗杀希特勒未遂一案的调查记录，并验明了文件的真伪。最终，研究所正式宣布拒绝出版由施温格编辑、施韦林撰写的原稿。

于是，编者施温格不得不全权负责出版此书，他在长达九页的序文中事无巨细地记录了遭到拒稿的经过。施温格着重强调，在决定此书能否出版的审查会（共五名成员）上，联邦军军事史研究所的历史学家曼弗雷德·麦瑟史密特教授发表了否定性的意见。施韦林因反感"麦瑟史密特缺乏客观性"而不再参与之后的写作，施温格也同样对研究所的审查抱有强烈的不满和质疑。

施温格还在正文中点名批评了麦瑟史密特所著的《纳粹国家的国防军——教化的时代》（1969年）一书。施温格毫不留情地攻击道："二战结束时，麦瑟史密特才十八九岁，不具备必要的知识和经验来理解当时的情况。书中的观点也受个人错误想法的影响，十分偏颇。"虽说麦瑟史密特的书中的确对纳粹国防军和军事司法持有负面看法,但也很少有人会像施温格这样露骨地贬低他人的研究著作。

《纳粹时代的德国军事司法》一书的内容大致如下。纳粹军事司法既不是"恐怖的司法",也不是"严刑峻法的爪牙",指责"军事司法处罚士兵毫不留情"更是无稽之谈。他表示,"除了统计资料,科尔内利明斯特的超过十一万份个案记录"都可以证明这一点。虽然在战争末期,军队相关人员的死刑判决有所增加,但"在整个二战期间至多判了一万到一万两千人死刑"。施温格尤其强调,军事司法的"所有高层官员都注意和纳粹主义保持距离,遵守了法治国家应有的规范"。

在补充说明中,施温格还附上了纳粹军事司法主要负责人的证词。其中一人名为埃里克·拉特曼(1894—1984),他与在纽伦堡后续审判中被起诉的鲁道夫·莱曼是同事,同时也是莱曼的辩护人。另一人是前两章提到的原国家军事法庭首席法官马克斯·巴斯蒂安。二人的证词都强调,军事司法秘密阻止了希特勒的肆意干涉,尽忠于国家和人民,竭尽所能实现公正的裁决。在二人的证词中,没有一句对自己的反省,只有自我辩解。

为了让世人相信纳粹军事司法从始至终都坚决反对希特勒,施温格声称此书是为陆军法务部部长卡尔·察克(1896—1945)和法学家吕迪格·施莱歇(1895—1945)而写。这两名军事司法官都因参与"7月20日密谋案"而被处刑。其中,施莱歇在战前属于空军法务部,但实际上早早就被判定无法胜任军事司法而遭到驱逐。

按序文推断,施韦林撰写的一千页原稿构成了《纳粹时代的德国军事司法》(全书四百六十页)的主要内容,经过施温格的删减和修改后出版。马尔堡的一家小型出版社接手了此书，并不介意慕尼黑现代史研究所对此书的审查意见。虽说遭到了现代史研究所这样的权威学术机构的拒绝，但军事司法官们还是实现夙愿，成功塑造了纳粹军事司法公正严明的历史形象。此书出版于1977年，第二年就马上推出第二版。第二版和第三版出版后，很多读者对纳粹时期的军事司法大加赞许。如此顺利的发展，想必与司法界同僚的支持与协助分不开。

成为正史的《纳粹时代的德国军事司法》

之后，《纳粹时代的德国军事司法》受到了保守政治家的交口称赞，世人接受了"毫无瑕疵的军事司法"这种说法，此书也被奉为权威正史。于是，纳粹军事法庭作出的裁决照常受到一般司法界的拥护，致使真相无法水落石出、因违反军法而被定罪的人依旧承受着污名。真是个充斥着恶意的世界。他们虽然活到了战后，但任何公文都显示其有"前科"，因此继续被大众无视、被社会排挤。这才是纳粹时代的军事司法遗留下来的最大的问题。

当然，1978年的"菲尔宾格事件"引发了不少对纳粹军事司法的质疑。此外，编者施温格也被曝光在四十年前，即二战末期，把"侵占遗失物"的行为定性为"掠夺他人财产"的重大罪行，从而判处了十七岁的少年兵安东·莱施尼死刑（参照第一章）。于是，被奉为"正史"的《纳粹时代的德国军事司法》一度陷入了真实性危机。《明镜》（1984年10月）也以《野蛮的判决》这一标题报道了这桩丑闻。一向傲慢的施温格并没有对媒体的责难作出任何回应。

在当时的德国，由"知识分子"（本科生以上的知识阶层）构成的传统学院派依旧主导着社会的舆论走向。受这种风气的影响，没有学者敢对《纳粹时代的德国军事司法》的内容直接提出异议，更不敢挑战施温格的专业性，毕竟他是马尔堡大学的名誉教授，也是刑法领域的著名学者，更是受到业内精英认可的"权威人士"。何况，军事司法的相关知识本就集中在少数专家群体的手中，他们还是直接参与其中的原军事司法官。比如，这些专家主张死刑判决只有"一万到一万两千例"，即使有人质疑这个数字过于保守，但眼下找不到任何客观证据推翻这种说法。只要他们说一句"外行人懂什么"，就没有人敢再往下追问。

可见，只有拿出实证性的研究成果，才能推翻纳粹军事司法的合理性。这样的需求从未如此迫切，历史研究者身上背负的社会性、历史性责任从未受到如此强烈的关注。战争一代的历史学家早已在学术上成就斐然，此刻却纷纷保持沉默。

施温格的"正史"出版七年多后，卡姆勒的调查报告被整理成书正式出版，并直接促使卡塞尔市议会决议通过设立逃兵纪念牌匾。但这样的调查出自政治学家之手，而非"正统的"历史学家。两年多后，麦瑟史密特等人直接反驳"正史"的著作才终于面世。这距离"正史"的出版已过去了超过十年。

在此期间，如何客观看待纳粹主义和大屠杀成为了历史学家的关注焦点（"历史学家争论"），纳粹统治下的社会日常也是热门的研究内容。但是，军事司法的真相依然无人问津，继续被当作历史学"分支"的研究对象。后来，汉诺·库纳特批评这是"历史学家团体长达数十年的渎职"。

曼弗雷德·麦瑟史密特

接下来将着重介绍曼弗雷德·麦瑟史密特。正是得到了他的鼓励，鲍曼才决定采取行动，争取复权。他还以学术顾问的身份，协助被纳粹军法定罪的人开展复权运动，实际上成为了运动的核心人物。麦瑟史密特比鲍曼年轻五岁，1926年10月出生于多特蒙德，在二战末期做过高射炮台辅助员，之后应征入伍。战后的1947年，麦瑟史密特通过了高级文理中学的毕业考试，先后进入明斯特大学和弗莱堡大学求学，在历史学家格哈德·里特尔门下获得了博士学位（1954年）。之后又学习法学，并在1962年通过国家司法考试，取得法律职业资格。所以，麦瑟史密特既是历史学家也是法学家。

1962年，麦瑟史密特作为历史学家加入了"军事史研究所"（MGFA），自1970年起出任研究部长（教授职位），职位名称为"首席历史学家"，1988年离职。"军事史研究所"在1957年创立于弗莱堡，与传统的大学历史学系和研究室不同，是直属联邦军的研究机构。研究部长与所长的级别相同，虽然直属国防部，但地位相对独立，研究方针也可以自由决定。

战后，国防军获得了政治意义上的美化（毫无瑕疵的神话），麦瑟史密特对此完全无法认同。他始终持有

曼弗雷德·麦瑟史密特
（»Was damals Recht war ... «）

批判性的基本立场，困惑于国防军为什么甘愿成为"纳粹体制钢铁般的担保人"，"在战争中犯下罪行"。提拔这样的人出任部长，自然遭到了保守派联邦军高官的反对，但勃兰特内阁的国防部长赫尔穆特·施密特（1967年至1972年在任，后出任总理）力排众议，

确保麦瑟史密特坐上了这个位子。于是,在麦瑟史密特的领导下,区别于传统军事史的"批判性军事史"研究诞生。施温格对麦瑟史密特著作的猛烈抨击也发生在这样的背景下。在原军事司法官们看来,麦瑟史密特这样的局外人会危害原本铁板一块的联邦军组织。

不管会不会遭到国防部内外的敌视,麦瑟史密特都决定在纳粹军事司法这个研究主题上深入下去,以扩大对国防军的研究范围。这是第一个可以使他在历史学和法学上的能力都得到发挥的研究对象。虽然麦瑟史密特提出了诸多批评意见,施温格所编的《纳粹时代的德国军事司法》还是顺利出版了,纳粹军事司法逐渐树立起正面形象。与此同时,"菲尔宾格事件"正造成越来越大的影响。

在向《希尔施教授纪念论文集》(1981年)的投稿中,麦瑟史密特展现了作为研究者的真知灼见。他论述道,纳粹军事司法与英法为主的同盟国军不同,成为了"意识形态式的迫害机器"(《第二次世界大战中德国的军事裁判权》)。但这本文集的读者主要是一部分专业研究人员。要产生影响力,必须在媒体的报道下获得普通大众的理解。

1986年11月,战后司法界的世代交替发展到了顶峰。主要政党之一的绿党首次在联邦会议上要求政府彻查并公开纳粹军事司法的过去(尤其是针对"拒绝兵役""逃跑"和"破坏国防力量"等行为的判决)。11月25日,联邦司法部代表政府作出了回答:今后,司法部将在把握军事司法全貌的基础上,探明死刑判决的真实数量,但当下依旧认可军事法庭判决的合理性(联邦议院复印资料10/6566)。

1987年秋,曼弗雷德·麦瑟史密特和弗里策·维尔纳共同写成的《尽忠于纳粹主义的国防军司法——神话的崩塌》终于出版。

在介绍这本书之前,首先将介绍合著者弗里策·维尔纳其人。

弗里策·维尔纳

弗里策·维尔纳(1912—1996)和麦瑟史密特一样,从一开始就为鲍曼的复权运动提供了全方面(包括经济上)的支援,但他既不是历史学家也不是法学家。企业家维尔纳出生于德国西北部的明斯特兰,居住在海德堡,常年经营保险公司。1981年,维尔纳从业界隐退,以此为契机开始调查弟弟海因里希的死,因为他一直以来都对此抱有疑虑。1940年,弟弟应征加入国防军,前往德法战线。1941年,他被关进埃斯特韦根军事惩戒集中营,之后加入惩戒部队,结果"因为逃跑被射杀"。维尔纳正是想知道其中的真相。

弗里策·维尔纳在埃姆斯兰资料信息中心主办的学习会(1988年)上发表演讲
(»Was damals Recht war... «)

调查一开始,他了解到施温格所编的《纳粹时代的德国军事司法》是唯一一本综合介绍纳粹时期军事司法的书籍。维尔纳回忆道,"花几天时间读完了这本书,冲击很大,读完只觉得不快。因为即使没有专业知识,也能看出这本书虚伪至极,文字间只有不负责任的辩解和粉饰"。1981年,六十九岁的维尔纳决定靠自己从头开始调查。

长达十五年间,维尔纳不断地挖掘相关文件资料。他从居住地海德堡开始调查,依次前往了慕尼黑、科布伦茨、亚琛(科尔内利明斯特)、斯图加特、弗莱堡、维也纳、波茨坦和布拉格等地。维尔纳几乎翻阅了所有的资料,还是没有找到弟弟的记录。但在维也纳,他找到了施温格在1984年作出的审判指导意见和判决文书,其中就包括少年兵莱施尼的案件。《明镜》杂志以《野蛮的判决》为题曝光了这些文件。

麦瑟史密特和维尔纳如何决定共同执笔的经过不详。缺乏专业知识的维尔纳竟能从浩如烟海的材料中挖掘出关键信息,他的坚持不懈一定给了麦瑟史密特莫大的勇气。若非如此,学术背景差异巨大的二人也难以合作得如此顺利,他们的成果最终由法学界知名的诺莫斯出版社出版。

反驳之书《尽忠于纳粹主义的国防军司法——神话的崩塌》

本书序文的开头就言明:"本报告是为了反驳所有当下被广泛承认为军事司法正史的论述。"换句话说,是为了根本性地否定《纳粹时代的德国军事司法》一书。包含判决书和军法的复印资料在内,《尽忠于纳粹主义的国防军司法——神话的崩塌》一书共三百六十五页,内容精简。该书从多个方面反驳"正史",主要论点如下。

第一,军事司法与希特勒的独裁以及纳粹主义的法律思想关联紧密，但"正史"却辩称军事司法和军事法庭是纳粹主义的敌对者。为了自圆其说，"正史"巧妙地"修饰"了军事司法的真实面貌，与为国防军打造"毫无瑕疵、正大光明的神话"如出一辙。但军事司法官本就是接受希特勒元首指挥的"政治性法官集团"，他们的任务是"实施并捍卫元首的政治指示"。

第二，为了维护纳粹军事司法的合理性，"正史"声称，民主制国家在二战时期同样严格执行了军事刑法。但"正史"未能提供证明这种说法的确切数字。比如，同时期的美英法三军合计只处死了二百八十八名士兵。没有一个英国士兵因"政治性发言"（属于纳粹军法中"破坏国防力量"的范畴）而被判处死刑。二等兵爱德华·斯洛维奇是唯一一个因逃兵罪被处死的美国士兵。战后，美国国内就该案件的判决正义与否掀起了激烈的讨论。

反观德国军队，"基于1944年12月31日战况的国防军损伤数量"这一报告中指出，有九千七百三十二人被处死，还不包含海军的八百三十六人和空军的九百八十二人。合计这三个数据已高达一万一千五百五十人。更不用说到了二战最末期，被处死的士兵数量更是激增，其中的具体数字已无从得知。但"正史"中却写道："二战期间总计有一万至一万两千例死刑判决，实际执行的数量至多占其中的百分之六十。"

第三，"正史"试图掩饰"逃跑"和"破坏国防力量"这两个罪名的真相。在所有违反军法的行为中，"逃跑"和"破坏国防力量"是军事司法官着力严惩的重大犯罪，绝大多数士兵都因这两个罪名被判死刑。根据国防军犯罪统计的数字，再加上科尔内利明斯特档案馆内"死刑通知卡"的张数，至少有三万五千名逃兵收到了死刑通知，其中超过百分之六十五被处死。破坏国防力量者的情况

127

同样如此。从国防军犯罪统计来看，到 1944 年 6 月 30 日为止，共有一万四千二百六十二起针对"破坏国防力量"的有罪判决，再考虑到记录遗失和报告不及时等因素，整个二战期间至少有三万名士兵被判"破坏国防力量"。

仅就以上估算数字就能清楚地发现，"正史"是一部缺乏客观性、"充满谎言的书"。

最后，作者（麦瑟史密特）对纳粹时代的军事司法作出了总结性的评价，大意如下。

首先，国防军司法是保证纳粹统治平稳运转的重要机构。军事司法官从未反对希特勒。相反，军事司法积极地顺应纳粹统治，司法官唯希特勒马首是瞻。纳粹国家的至高目标是构建"民族共同体"和"军事共同体"。在这样的环境下，"个人主义的思想残片"被彻底压制，"个人空间"荡然无存。

正如纳粹的法学家把"民族共同体至高无上"这种意识形态引入到法律诠释中，军事司法官也抱有相同的立场。战争促使这种倾向迅猛发展，军事司法官不再仅仅担任法律工作，还背上了政治任务，即为"提高民族的战斗意志，巩固民族的战斗力量"而全力奋战。在极度严酷的军事司法下，士兵只要犯小小的错误就会招来死刑宣判。被"民族和军事共同体"排除在外的士兵，又会被编入惩戒部队，送往九死一生的战争最前线。为此，才有了二战末期惨无人道的"速判速决"和"就地速判速决"。最终，军事司法共宣布了"约五万例死刑判决"，远超臭名昭著的特别法庭和弗莱斯勒的民族法庭。这还只是纳粹国家荒诞的受害妄想和政治疯狂带来的一部分灾难。

获罪而又幸存下来的几千士兵还背负着判决带来的污名，但他们并不是因为违反了符合常理的规定和军纪才致使名誉尽失。相反，我们应当追问，大多数士兵之所以犯下死罪，难道不是为了守卫"真正的祖国"？比起那些向希特勒宣誓忠诚的军事司法官，他们早早就敏锐地发现纳粹德国是非法国家、二战是灭绝性的战争，从而在政治上觉醒。大多数士兵之所以逃跑，难道不是为了抵抗纳粹、为了绝不成为纳粹体制的爪牙？他们绝不是懦夫。而所谓"破坏国防力量"，无非就是批评了纳粹主义和希特勒的政策，为什么会背上罪名、遭人责难呢？在军事司法官的眼中，一切都是为了"民族共同体"，不存在"为坚持自己的信念而勇敢战斗的人"。

作者麦瑟史密特以这几段评价结束了全书。我们应当注意到，他把逃兵现象看作抵抗纳粹非法统治历史的一部分来理解。麦瑟史密特还在书中论述了检察长弗里茨·鲍尔、卡塞尔市议员雷斯塔特和奥托·艾舍等人的观点。

反响

麦瑟史密特和维尔纳这本"反驳正史的书"引起了空前热烈的反响。自"菲尔宾格事件"以来格外关注纳粹军事司法的《明镜》杂志更是以《罔顾人命》的大字标题，在1987年10月连续两次详细报道了二人的著书，高度赞扬了其中的内容。报道评价二人协力"重新书写了纳粹军事司法真正的历史，揭开了包裹在外的公正假象"。施温格编著的《纳粹时代的德国军事司法》本就引发了诸多疑问，经过这番反驳后，再没有人相信它的真实性。

维尔纳迅速成为了新的焦点。毕竟这位七十五岁的退休企业家向来和学术界无缘，竟一举成为了专业领域书籍的合著者。

第三章 | "我们不是叛徒"——历史学家的支持和社会舆论的改变

事态发展到这一步,施温格也绝不肯罢休。1988年5月,他出版了《欺瞒与真相——解密国防军审判权》一书,试图驳斥麦瑟史密特和维尔纳的观点。但此书未能提供扎实的论据,只是一味对二人发泄怒气。比如,指责麦瑟史密特"作为联邦军的内部官员,竟不出手阻止这种丑事",贬低维尔纳是"自封的历史学家""来历不明的合著者",又批评"麦瑟史密特一开始就对军事司法抱有偏见""二人的论证漏洞百出""三万人这种数字根本是幻想的产物"。

双方的论战没有就此结束。维尔纳之后继续埋头挖掘军事司法的相关资料,四处调查,潜心研究。1991年夏天,维尔纳的成果发表,这些年的执着终于有了回报。此时他已经七十九岁。

维尔纳所著《纳粹军事司法和惨痛的历史记述》成了致命一击

施温格称维尔纳"既不是历史学家也不是学者",把他贬损为"来路不明的合著者"。对此,维尔纳在1991年夏天以《纳粹军事司法和惨痛的历史记述——基础性研究报告》(诺莫斯出版社)一书发起了反击。全书共九百零七页,卷帙浩繁。

这本书不仅补充了上一本合著的内容,还以具体的记录文书和数据披露了大量史实。比如,获罪士兵遭受了何等悲惨的境遇;在施温格严酷军法观的影响下,军事司法如何严惩逃跑和破坏国防力量等行为;军事惩戒集中营、军事监狱和惩戒部队的内部真相;军事司法的"恐怖统治"和"恣意判决"。

维尔纳和麦瑟史密特的合著已被誉为关于纳粹军事司法的"基准性著书"。接着,他和施温格的论辩又受到了媒体的广泛报道,人人都知道"这两个老人结下了私怨"。因此,"业余历史学家"维尔纳的著书一下子成了热门书籍。

最重要的是，维尔纳的著书提供了详尽而客观的事实依据，对施温格的主张造成了致命的打击。比如著名法律记者汉诺·库纳特在《时代周报》（1991年9月26日）上评价道："一个局外人让一群历史学家无地自容。"第二年又在《批判性司法》（第二十五卷第二号）上写下了这样的书评："德国军事司法长期以来用谎言堆砌起来的崇高形象，像是被热带暴风雨席卷过一般，变得残破不堪""（与一般学者的写作手法不同，维尔纳直言不讳地斥责施温格信口雌黄、刻意曲解历史——对马）大众一读这本书就能明白，维尔纳叙述的才是真正的历史，而施温格的著书只是为了抹杀犯罪事实"。

施温格博士身为原马尔堡大学校长、知名刑法学者，不只在战时，在战后的20世纪50年代至80年代都对军事司法的审判产生了巨大的影响。可以说，维尔纳的出现使这种绝对的权威和声望一下子化为泡影。从此以后，主张军事司法合理性并以此展开论战的施温格失去了司法界的认可。1994年，九十一岁的施温格死去。

1988年3月，库纳特就曾称赞道："这三年来，'保守的司法界'内逐渐产生了新的气象。"（《时代周报》1988年3月25日）维尔纳的著书正是赶上了这波革新。在这本书的影响下，法院作出了推翻纳粹军事司法合理性的判决。维尔纳自己也在著书第二版的"前言"中颇为自豪地写道："1991年9月11日，多亏了我的研究成果，联邦社会法院作出了'轰动一时的判决'。"后文将详细介绍其中的经过。

1996年8月，八十四岁的维尔纳走到了人生的终点，他把这十五年深入调查军事司法后收集起来的研究解说材料交给妻子黑尔米内，嘱咐她出版。这正是黑尔米内·维尔纳编写的《"唯有死才是公正的补偿……"——军事法庭的死刑判决及相关资料》(全书三百十七页),与《纳粹军事司法和惨痛的历史记述——基础性研究报告》的第二版同在1997年出版。

　　维尔纳一开始是为了探寻弟弟死亡的真相,中途发现纳粹军事司法的真实面目被掩盖、大量史实被篡改,最终写成了军事司法研究领域内不可欠缺的参考书籍,获得了巨大的成就。他还和麦瑟史密特一起,竭尽全力地支持"纳粹军事司法受害者"的复权运动。维尔纳与鲍曼等人十分亲近,想必是把对亡弟海因里希的思念寄托在了他们的身上。

4 "全国纳粹军事司法受害者协会"的成立

鲍曼和麦瑟史密特的相识

1990年5月上旬，鲍曼在首都波恩的福音主义学生会馆结识了麦瑟史密特。会馆内除了大学生，还有几名同鲍曼年龄相近的原逃兵。学生们纷纷向鲍曼等人说道："你们应当站出来为自己争取权利。"

学生们之所以这么说，是因为他们通过绿党组织的逃兵复权活动得知，获罪的逃兵因为"有前科"所以无法从事固定工作，生活困窘。他们没有退休金，补偿申请也全都遭拒，老兵的遗孀也无法获得抚恤金，大多数人都只能依靠社会救助维持生活。但另一方面，从直接参与大屠杀的党卫队队员到灭绝营的狱卒，都有一定的军人退休金，遗孀也都有抚恤金。鲍曼自己也因生活困顿，曾在1989年1月向不来梅市民咨询处提交了详尽的相关资料，证明"自己作为反纳粹抵抗相关人员应当获得补助退休金"。但政府拒绝了他的申请。

这群学生都读过麦瑟史密特和维尔纳的著书，从中学习到了军事司法的相关史实。他们还读过当时的热门畅销书、法律学者英戈·穆勒所著的《令人恐惧的法学家们——司法界尚未解决的遗留问题》（1987年出版，1989年出版袖珍本），知道纳粹司法和军事司法犯下了触目惊心的罪行。因此，在他们看来，因违反军法获罪的人不是"罪犯",而是纳粹军事司法的"受害者"。

麦瑟史密特在一旁静静听着鲍曼等人的谈话,他开口说道:"我想我可以助你们一臂之力。但如果你们自己没有意愿行动起来的话,那么我也爱莫能助。"说完紧紧盯着鲍曼的双眼。鲍曼早已听说,这位军事史学家不同于那些对国防军的罪行保持沉默的历史学家。他放下犹豫,作出了决断:"我明白了。"从这一天起,二人齐心协力,合作了二十多年。

回到不来梅的几天后,鲍曼把长期以来的想法写成了一篇倡议文章,之后多次在公众聚集的场所朗读。以下是全文。

> 所有遭受过纳粹军事司法迫害的幸存者,不管你曾拒服兵役,做过逃兵,破坏了国防力量,还是被送进过军事监狱和军事精神病院(很多经纳粹精神鉴定无法派往前线的士兵在军事集中营和军事医疗机构中被杀害),还有受害者的亲人、朋友,都请听一听我的这番话。
>
> 那些为希特勒体制、为残杀国民的犯罪性战争效力的人,到今天依旧被当作正派人士。但我们这样的受害者却连获得补偿的权利都没有。我们不应当对这样的不公忍气吞声。民族法庭和特别法庭处死了多少人,军事法庭的恐怖判决更是麻木不仁。但那些法官们却和纳粹时代一样,在联邦共和国的司法界备受重用,还有人出任最高职位。
>
> 我们不能再逃避,必须直视这种不公正。我决定,结成代表纳粹军事司法受害者的利益团体。否则,直到最后一个受害者死去,眼下的局面都不会有任何改变。因此,衷心请求所有受害人和家属在此署名。不管你被判过什么罪,包括因帮助逃兵而遭受迫害的妇女,都可以前来问询。我们必将争取让所有人都获得补偿。
>
> 成立"纳粹军事司法受害者利益代表组织"的呼吁
> 第二次世界大战的逃兵　路德维希·鲍曼(不来梅)
> (《自传》)

人群中没有一个人当场响应鲍曼的呼吁。因违反军法而获罪的人，尤其是逃兵，长期以来卑微地生活在"社会边缘"，况且都到了七十左右的高龄，精神和体力早已衰弱。事情过去太多年了。更不必说，社会上依旧残存着责骂他们、排挤他们的风气。比如在以保守著称的巴伐利亚地区，直到20世纪80年代，只要逃兵的经历被人知晓，当事人必定会躲藏起来避免迫害。通过小剧团在全国的巡回演出，鲍曼自己也体会到公众尤其是大多数战争一代对逃兵根深蒂固的反对和厌恶。有人直言："我们在战场拼过命，你们不过是一群逃跑的懦夫。"

二战已过去了四十五年，那四千名免于极刑的逃兵中有多少人还活着，无从知晓。况且四千这个数字也是根据残缺不全的记录文书推断得来的。

于是，鲍曼等人找到了位于埃姆斯兰集中营旧址的资料信息中心。这个中心作为集中营纪念馆，管理范围覆盖同地区的埃斯特韦根军事惩戒集中营等处，保存着因逃跑或破坏国防力量一度被收监于此的囚犯的住址。鲍曼以这些住址为线索寄出了邀请加入受害者组织的信函。这个建议来自维尔纳，他十分熟悉这里各方面的情况。维尔纳曾在埃姆斯兰寻遍了所有的资料，希望找到弟弟海因里希死因的线索。有了这样的机缘，1988年，也就是与麦瑟史密特的合著出版后的第二年，维尔纳还受邀在资料信息中心主办的演讲会上发表演说。

另一边，麦瑟史密特也为鲍曼向历史学同行寻求帮助。

在麦瑟史密特的组织下参与协助的有沃尔夫格拉姆·韦特（军事史研究所所员，1940—   ）、柏林的德国抵抗运动纪念馆学术责任人彼得·施泰因巴赫（1948—   ）、现代史学家德特勒夫·加尔贝（诺因加默集中营纪念馆馆长，1956— ）、现代史学家兼新闻记者罗尔夫·祖尔曼（1945— ）等人。他们组成了以麦瑟史密特为核心的专家团体，其他成员还包括卡塞尔的政治学家卡姆勒。

【附记：关于德国抵抗运动纪念馆的介绍。德国抵抗运动纪念馆原用于为国防军打造"毫无瑕疵、正大光明的神话"，是展示国防军反希特勒抵抗运动光辉历史的教育基地。1983年，帕绍大学教授施泰因巴赫接受原西柏林市长里夏德·冯·魏茨泽克（1920—2015，后成为德意志联邦共和国总统）的委托，从"展现基于史实的各阶层反纳粹活动"这一理念出发，着手扩建纪念馆。1989年，纪念馆被改造为全新的公共设施，馆内常年展示二十六个不同领域的历史资料，同时负责继续收集史实记录。每年7月20日，被称为"荣誉庭"的纪念馆中庭都会举办追悼仪式。】

汉堡大富豪兼文学家扬·菲利普·雷姆茨玛（1952— ）的"汉堡财团"为司法受害者组织开展活动提供了重要的财政支持。双方达成协议，在实现活动目的之前，财团都将持续提供援助。雷姆茨玛一直以来都想了解纳粹国防军在东欧地区的罪行，而逃兵的复权问题恰好与此紧密相连。雷姆茨玛还设立了"汉堡社会研究所"并亲自担任所长。后文将提到，该研究所主办的"国防军犯罪展"（1995年至1999年，全称"种族灭绝战争　国防军的罪行——1941年至1944年"移动展示会）极大地推动了社会舆论对复权运动的支持。

接下来将首先介绍纳粹军事司法受害者组织的情况。

前来参加"全国纳粹军事司法受害者协会"的众人

1990年10月21日（周日），由鲍曼牵头的司法受害者组织在利迪策会馆召开了成立大会。利迪策会馆位于不来梅中央站南面两千多米处，作为市青少年教育会馆创建于1987年。1942年，捷克斯洛伐克的小村庄利迪策遭到特别行动队血洗，全村从地图上消失，所以会馆取名"利迪策"以悼念逝者。

19日，也就是周五傍晚，共有三十五名男性和一名女性接受了鲍曼的邀请信函，前来加入受害者组织。维尔纳为大家准备好了促进交流的席位，并和鲍曼一同出门迎接众人。除了提供成立组织的资金，他还希望亲自慰问与会者，给予他们鼓励。这三十六人几乎都是埃斯特韦根军事惩戒集中营的幸存者。鲍曼记录下了众人初次见面的经过。

> 大多数与会者疾病缠身，全程由妻子或熟人陪同。当年的逃兵多数早已死去，活下来的也因常年受辱而身心俱疲。没有一个人出任公职。因为有前科，大家几乎都很贫困，缺乏正常的社会交往。多数与会者从未和家人谈起过自己在战争中的经历，不少人到现在都开不了口。有人一直在哭泣，说不出一句话。也有人因为终于找到倾诉的对象，一遍又一遍地讲述自己的过去。
>
> （《自传》）

鲍曼说道："就算活在社会的边缘，老得只剩下一副皮包骨头，但我们还是活了下来。正因为这样，我们才必须争取那迟迟未到的尊严。"20日，众人讨论了协会的规约，21日白天，在不来梅的弗格萨克，"社团法人全国纳粹军事司法受害者协会"（以下简称"全国协会"）正式成立。市民运动家金特·克内贝尔（1949—　，后兼任"拒服兵役者福音主义援助协会"不来梅事务局局长）出任了

"全国协会"事务局局长,负责领导协会的活动。另有三名女性兼职员工负责事务工作,雷姆茨玛承担了聘请她们的费用。到此时为止,鲍曼寄出的另外七十五封邀请信函还未得到回应(大部分寄给了家属,而非本人)。

三十六名与会者中唯一的女性正是上文再三提到的路易丝·吕尔斯,此时她已七十七岁,居住在不来梅。2000年,吕尔斯逝世,享年八十七岁。在此之前,她担任着协会的副会长,是鲍曼重要的合作伙伴。1992年,"全国协会"出版了"访谈记录",介绍了吕尔斯等十四名成员的个人情况,剩余的二十二名成员背景不详。这十四人来自帕德博恩、纽伦堡、策勒、柏林、科隆、多特蒙德、哈瑙等德国各地以及奥地利,出生年份都在1913年至1923年之间。其中三人因破坏国防力量、十一人因逃跑(三人因拒绝杀害普通民众而逃跑、四人擅自离队)而获罪。他们都彻底地反对纳粹主义,从未对自己的行为感到耻辱。(金特·扎特霍夫《免于一死——纳粹军司法幸存者的证词记录》,1993年)

和路易丝·吕尔斯一同加入协会的还有斯特凡·汉佩尔。也许是为了避免咒骂和威胁,他对外使用斯特凡·哈尔德这个假名。1987年,德国抵抗运动纪念馆的研究员诺贝特·哈泽(1960—)在书中介绍了汉佩尔的情况,他正是因亲眼看见犹太人被屠杀而逃跑、后加入游击队反抗纳粹的典型人物。(《德国的逃兵》1987年)和鲍曼一样,汉佩尔自1990年起就积极参与各项申讨纳粹军事司法的活动。1998年,汉佩尔未能等到复权运动的成功就离开了人世,享年七十九岁。

总之,拥有三十七名创始成员的"全国协会"就此诞生。这是由第二次世界大战中的逃兵、拒服兵役者和破坏国防力量者构成的

"全国协会"。仅由三十七人组成的协会为什么非要冠上"全国"二字，宣称自己是"德意志联邦共和国的超党派团体"呢？因为成员们誓要像鲍曼所呼吁的那样，在最后一个受害者死去之前改变眼下这种不公正的局面。据鲍曼的估计，到1994年，德国国内有四百名尚未离世的纳粹司法受害者，到1995年，人数降至三百。同时，每年都有更多的创始成员离世。到2002年3月1日，协会成员总数增至五十六人，但一开始的三十七名成员只剩下了六人。对于成员们来说，复权实际上是与时间作斗争。

复权运动和研究工作的相互促进

1990年10月21日，也就是协会成立的当天，鲍曼等人向不来梅区法院提交了社团法人的认证材料。其中包含了"全国协会"的规约（章程），主要内容如下。

首先，"全国协会"是一家"公益组织"，活动目标包括"为军事司法受害者争取名誉恢复和物质补偿""在各文化领域推进宽容理念"以及"促进社会和平和国民互助"。之所以把"受害者的复权"与"宽容""和平"联系在一起，是因为协会的成员从一开始就反对纳粹的种族主义和希特勒的种族灭绝战争。

对于协会发起人鲍曼来说，复权运动的出发点是为了响应友人卢卡舍维茨在行刑前对和平和反战的疾呼，进而为同乡的友人库尔特等军事司法的牺牲者恢复名誉。也就是说，和平运动和复权运动是密不可分的。正是因为这样的理念，之后，鲍曼和"全国协会"被授予了"亚琛和平奖"（创立于1988年，旨在表彰积极推进社会和平运动的反军国主义者、反种族主义者和反法西斯主义者），鲍曼本人还被推举为"诺贝尔和平奖"的候选人。

其次，为了实现活动目标，规约中提出了一系列具体的举措，包括"为军事司法和纳粹特别法庭的受害者争取社会保障""与其他团体合作""促进世代间的交流""实现国际间合作""推广协会理念""举办民主教育活动""关注学术研究和史实搜集（尤其是在口述历史学领域）"。

其中提到的"学术研究和史实搜集"值得我们重点关注。上文提到，在麦瑟史密特和维尔纳的推动下，"德国军事司法用谎言堆砌起来的崇高形象"终于开始坍塌。但是，要推翻纳粹军事法庭的判决，让大众认可军事法庭裁决的罪犯是纳粹的受害者，还需要接受司法的判断并等待联邦议院立法。为此，协会必须联合专家找出更多的历史事实，进行分析和整理，并让史实成为公共知识以获得舆论的支持。足可见复权之路任重道远。

麦瑟史密特之所以向鲍曼抛出橄榄枝并提醒他作出决断，是为了借助自己的历史研究，与受害者共同推进"受害者的复权"。这也是鲍曼所希望的。实际上，如果没有同专家的合作，复权毫无可能。因此规约中写明，除了由成员组成的"理事会"和"全体会议"之外，协会还成立了自由发展的"顾问会"，为协会提供学术上的支持。

越来越多的年轻学者对鲍曼等人的活动产生了共鸣，前来提供援助。其中既有历史学者，也有政治学、法学和其他领域的专家。如果把顾问会会长麦瑟史密特算作战后的第一代学者，其他顾问则已经是第二代、第三代了。他们并没有把自己的工作局限于狭窄的学术领域中，而是积极地关注现实议题，拯救那些被过去的纳粹统治击溃而长期无法融入社会的受害者，从中为自己的学术工作赋予更大的价值。他们从力所能及的实践活动入手，逐渐深入。

于是，与一般的利益团体不同，"全国协会"采取了以学术研究为基础的独特运作方式。比如，科隆的全国纳粹受害者联络协议会（1992年成立，以下简称"全国联络协议会"）力求为军事司法的民间受害者和强制劳动的幸存者争取补偿，"全国协会"与它积极合作，共享信息；在"海因里希·伯尔财团"和"弗里德里希·艾伯特财团"的援助下，出版记录文书和研究资料；同各大学的现代史研究者成立研究项目，举办演讲会。顾问会的学者们也积极向媒体分享最新研究。协会更通过全国范围内的移动资料展示会（比如代表性的有与"欧洲·大屠杀纪念碑财团"共同举办的移动展示会"'当时是合法的……'——被国防军军事法庭裁决的士兵和市民"），持续向大众普及历史知识。由此，越来越多的报纸、广播和电视媒体开始报道"全国协会"的动向，纳粹军事司法和其受害者的实情逐渐广为人知。除此以外，鲍曼等人还拜访了相关行政机关、各党派负责人、联邦议院以及基督教教会。关于这一点，后文将详细展开。

据鲍曼的介绍，麦瑟史密特和沃尔夫格拉姆·韦特、彼得·施泰因巴赫等顾问会的主要成员常常会出席以上这些活动并提供专业的讲解。他们被誉为"积极行动的学者"（施泰因巴赫是抵抗运动的先驱研究者，为了恢复格奥尔格·埃尔泽的名誉，曾驻留在埃尔泽的故乡柯尼希斯布龙，坚持不懈地向当地居民解释埃尔泽行动的真意。埃尔泽曾试图用炸弹暗杀希特勒，未遂后被逮捕）。

随着东西德停止对立，社会矛盾缓解，德国国内面貌焕然一新。2002年，联邦议院通过了《纳粹不当判决撤销法修正法案》。2009年，也就是"全国协会"成立十九年后，纳粹军事司法作出的判决终于被全部撤销。如果没有强韧的意志，任何人都无法走完如此的漫漫长路。

5 司法的变革和舆论的支持

联邦社会法院基于研究成果作出的判决

就在鲍曼等人成立协会的第二年，他们得到了一个好消息。1991年9月11日，卡塞尔的联邦社会法院（有关社会保障问题的诉讼案件的终审）第一次判定逃兵遗孀有权获得家属抚恤金。

在之前的内容中已多次指出，军事法庭的受害者以及家属无法获得政府的任何补偿。1989年1月，不来梅市政府冷漠地拒绝了鲍曼的补助金申请，理由有以下三点：①军事法庭作出的死刑判决在纳粹国家以外的法治国家中也普遍存在。②根据法律，被送往惩戒部队的士兵不在补偿范围内。③虽然申请人被监禁在死囚的单人牢房十个月，但不能算是处罚不当。

在联邦社会法院的判决下，这种让受害者寒心的举措终于被取缔。下面将介绍其中的具体经过。

自1942年起，国防军士兵W.L.随军驻扎在丹麦。1945年3月10日，战争即将结束，他却在布雷斯劳（现为波兰共和国的弗罗茨瓦夫）的要塞被枪杀。根据服役处在2月25日出具的报告，W.L.在超过返乡休假的期限后没有返回军队，因此被标记为"已逃亡"。那么，他为什么在25日之后又回到了军队呢？他明知道回去只有死路一条。况且，当时布雷斯劳的要塞已被苏军重重包围。但审判记录中只字未提被枪杀前的经过。

1984年初，W. L. 的妻子依据《联邦补偿法》（1982年1月的修正法案），就丈夫的经历向当地政府提交了家属抚恤金的申请，但遭到了拒绝。于是，她在巴登-符腾堡州战争牺牲者援助厅的帮助下，向社会法院提起了诉讼，要求获得定期的家属抚恤金。在一审中，法院认为，考虑到军事法庭在尚未确认擅自离队的事实之前就判处 W. L. 死刑并执行了枪决，政府应当批准原告女性的抚恤金申请（1987年7月2日的判决）。援助厅为了得到更满意的司法结果，就上诉到了斯图加特高级社会法院。然而在二审中，法院认为，难以判断军事法庭以逃兵罪惩处 W. L. 是否过于极端，但由于军事法庭的判决并没有违反法治国家的基本理念，因此驳回一审的判决（1988年10月21日的判决）。于是，W. L. 的妻子把此案告到了享有终审权的卡塞尔联邦社会法院。

1991年9月11日，联邦社会法院第九部门的法官特劳戈特·武尔夫霍斯特（1927—2015）就此案作出裁决，判定原告女性的诉求合理，认可了一审的判决结果。在此之前，此类案件的诉求统统被驳回，经过六年的纷争，W. L. 的妻子终于打赢了这场官司。判决理由的要点大致如下。

> 首先，应当认同原告女性有权获得遗孀抚恤金。因为这名女性的丈夫被"非法剥夺"了继续服兵役的权利，并最终确认死亡。也就是说，军事法庭在缺乏充分理由的情况下，不当地处死了原告女性的丈夫。
> 回看国防军司法对法律的解释和实际的司法运作过程，只有其中的一小部分能符合"纳粹德国也是法治国

家"这种说辞。但在当时，由于缺乏对纳粹军事司法的研究，人们还无法看清这一点。所幸到了今天，这一领域已累积了大量学术研究成果，足以令世人信服。尤其是卡姆勒的著书（1985年）、麦瑟史密特和维尔纳的合著（1987年），以及维尔纳的个人著书（1991年），都记录了证据充分的具体个案。

这些著书披露了大量关于纳粹军事司法的史实，尤其是极端的死刑判决理由以及庞大的处刑数量。逐一审阅这些内容后，我们应当承认，第三帝国是充斥着"恐怖"和"犯罪"的"非法国家"，而作出这些判决的纳粹军事司法系统正是其维持恐怖统治的工具。同时，军事法庭的法官也绝没有秉持"独立公正"的原则，只是一味地服从审判官的指示。从整体来看，对逃兵的死刑判决"显然缺乏合理性"，国防军的法官应当被视作"纳粹恐怖统治的帮凶"和"违反国际法的战争共犯"。

因此，法庭作出以下判决："在二战中，任何抵抗行为都会判处死刑，即使是单纯的不服从或是离队。如今，应当以'抵抗非法体制'的视角重新审视这些遭到严惩的行为，不能把抵抗者排除在联邦补偿法适用范围之外。"

（联邦社会法院在1991年9月11日的判决
沃尔夫格拉姆·韦特编《国防军的逃兵——记录集》，
1995年收录）

上文提到，维尔纳在序言中称赞了此次判决，并自豪地表示这得归功于他的研究成果。这也是因为此次判决不同于以往，法官不再依赖施温格的鉴定意见，而是以事实为依据，积极参考了维尔纳等人的研究成果。司法领域的专家也高度评价了此次判决，比如法学家兼司法评论家奥托·格里奇内德尔（1914—2005）。在纳粹统治时期，他因反对国家主义而被逐出司法界，在五年国防军士兵时期曾被送往战争最前线。他著有《令人恐惧的法官们——德国军事法庭的犯罪性死刑判决》（1998年）一书，揭露了纳粹军事法庭的真相。面对依旧不肯低头、批评联邦社会法院"判决不当"的施温格，格里奇内德尔撰文——反驳了他的观点，并称赞在此次判决中，"是门外汉的研究成果最终说服了法官"。(《新法律周报》，1993年第6期)

此次判决的主审法官特劳戈特·武尔夫霍斯特博士亲自撰写了自己的履历。武尔夫霍斯特出生于鲁尔区南部农村的牧师家庭，父亲是认信教会的支持者。第一章曾提到，认信教会反对纳粹。所以武尔夫霍斯特自年少起就鄙夷纳粹的独裁统治，厌恶希特勒。1944年7月，十六岁的他被征召为国防军的少年兵，但未曾考虑过逃跑，或者说不敢付诸行动。一是因为恐惧军事法庭严酷的惩处，二是因为逃跑不仅违反了当时主流的社会规范，也不被新教和天主教所允许。入伍后，在12月成为了特别攻击队的士兵，由于负伤，反倒保住了性命。武尔夫霍斯特谈道，由于少年时期的熏陶和少年兵的经历，自己的反纳粹信念远比其他年龄相仿的法官强烈（特劳戈特·武尔夫霍斯特《从少年兵到批准战争受害者补偿的法官》，乌尔里希·赫尔曼、罗尔夫-迪特尔·穆勒编《第二次世界大战中的少年兵》，2010年收录）。

正是这样的人生经历促使法官武尔夫霍斯特作出了此次判决，被鲍曼称为复权运动"里程碑"。根据武尔夫霍斯特的自述，这样的成果也归功于一男一女两名陪审法官。他们是新一代的法学家，年纪轻轻就在联邦社会法院获得了一席之地，富有锐气，代表了司法界的新气象。

但需要补充的是，联邦社会法院的判决是不具有执行力的"原则性判决"。且就在宣判判决结果前不久，原告女性不幸逝世。所以此次判决虽然反响热烈，但并没有带来实际的补偿措施。

所幸司法界的革新并没有止步于此。接下来的1995年，联邦最高法院的判决大大改变了军事司法的社会评价。

联邦最高法院对纳粹司法的批判

1995年11月16日，联邦最高法院（也称联邦一般法院）的判决引起了巨大的轰动。因为法院彻底否定了纳粹司法的合理性，并指出军事司法官罪责深重。

1994年，一名原东德的法官在柏林被告发。此人出生于1920年，曾积极投身反纳粹斗争。战后，在1948年成为人民审判员，从此步步高升。1965年出任最高法院民事部门的副首席法官，1973年荣升法学教授，1980年退休，享受高额退休金。在1954年至1956年期间，曾作为最高法院的陪审法官投票赞成了两起死刑和一起无期徒刑的判决，都是关于间谍的案件。东西德统一后的1994年6月17日，柏林地方法院认为这名前法官在三起案件中故意歪曲法律并严重侵害人权，判处他有罪。被告对此不服，直接上诉到了终审法院，他援引大量原纳粹军事司法官被判无罪的案例为自己辩护，并要求和西德那些加入过纳粹党的法官一样，继续领取高额退休金。

联邦最高法院第五部门作出了至关重要的终审判决。与一审的结果一样，这名原东德法官被判有罪。最高法院严厉指责了他在东德时代犯下的人权侵害，并认为其恶劣程度与纳粹司法犯罪无异。比起原东德法官受到的有罪判决，人们更关心最高法院对纳粹司法的批判。毕竟自战后以来，西德联邦法院从未表示过对纳粹司法和军事司法的否定。正因为这样，检察长弗里茨·鲍尔才不得不在追查纳粹犯罪的路上孤军奋战。这一次，最高法院终于彻底改变了常年以来的消极态度。

对纳粹司法的批判大致如下:

> 纳粹司法是"不当的司法"。在纳粹暴力体制下,法官们作出了大量的非法判决。二战期间的千起死刑判决都完全违背了法律的精神,原军事司法官们却辩称这只是例外。在纳粹的暴力统治下,"法律完全失序",从极其反常的死刑判决数量来看,只剩下了"嗜血的司法"。被民族法庭宣判死刑的人至今没有获得赔偿,但参与其中的职业法官以及检察官却没有一个人因恣意曲解法律而遭到惩罚。特别法庭和军事法庭的情况也是如此。自1945年以来,大多数军事司法官本应受到严厉的追责。但遗憾的是,战后的司法机关,尤其是联邦最高法院,在这件事上鲜有作为。("最高法院在1995年11月16日的判决"BGH5StR747/94)

从这段总结来看,最高法院抨击了这一事实:战后,国家军事法庭和三军军事法庭的司法官和法学家依旧备受重用,甚至步步高升。典型例子有一度被拟定为基督教民主联盟总统候选人的汉斯·菲尔宾格。

1985年,冯·魏茨泽克总统为纪念二战结束四十周年而作的演说(日译《荒野上的四十年》)享誉德国内外。演说中,他把"战争结束的5月8日"称为"德国人从纳粹主义暴力统治这种蔑视人类的体制中解放出来的日子"。但直到十年后的战后五十年,德国联邦最高法院才终于打破了纳粹司法和国防军司法用谎言堆砌起来的虚假形象。

需要补充的是,在此次判决之前的1993年4月,名为"抵抗国家军事法庭和纳粹统治"的特别展览在德国抵抗运动纪念馆开幕。

顾问会的成员诺贝特·哈泽在馆长施泰因巴赫的指导下开办了此次展览，旨在揭露国家军事法庭的真实面貌，公开拒服兵役者和"红色交响乐团"成员的判决记录。特别展还以斯特凡·汉佩尔为代表，介绍了"在政治上反对纳粹统治的逃兵"的真实案例。抵抗运动纪念馆明确表示，逃兵是因为发现了纳粹国家非法统治的真相才决意反抗，他们不应该被当作叛徒。诺贝特·哈泽在同一年出版了《抵抗国家军事法庭和纳粹统治》一书，书中记录了此次展览的展出内容。

由此可见，联邦最高法院之所以转变立场，不仅仅是因为司法官员的世代交替。长期以来，针对纳粹司法和军事司法的研究累积了不可小觑的成果，最终迫使保守的最高法院采取行动。因此1995年的判决才会被挖苦为"联邦最高法院为时已晚的忏悔"（奥托·格里奇内德尔）。

不论如何，最高法院的此次判决影响深远。由此，司法界举足轻重的联邦社会法院和联邦最高法院相继在终审中直白地指出纳粹司法和军事司法判决不当。最高法院的判决对享有立法权的德国联邦议院也带来了巨大的冲击。鲍曼对此评价道："我们逃兵终于看到了新的希望。"

知名媒体的协助和舆论的改变

在鲍曼等人成立"全国协会"的1990年，根据舆论调查结果，百分之九十的受访者对复权运动持否定态度。但在五年后的1995年，舆论发生巨大转变。受访者中持否定态度的只有百分之十五，有百分之三十六认为从希特勒的军队逃走是一种抵抗行动，有百分之十称赞逃兵是英雄（后文将详细介绍）。

对此，鲍曼理智地回应道："我绝不是英雄，但也不是懦夫。"

但为了让更多的人了解逃兵问题,他一直都积极接受媒体的采访。鲍曼这个名字成了"希特勒的逃兵"的代名词,鲍曼等人的行动也日益受到人们的关注。为了复权运动,鲍曼已十分忙碌,但他依旧每隔三个月会来到不来梅中央站,告诉新兵任何人都有权因违背良心而拒服兵役,并继续热心地参与和平运动。上文提到,日报《威悉河-克里尔》曾两次报道鲍曼在不来梅中央站的宣讲活动。1993年10月20日,该报又配合英国BBC电视台对鲍曼的采访,以《曾经不受待见的逃兵如今已是明星》为标题,充满善意地报道了鲍曼的复权运动。

借助媒体的宣传,逃兵问题得到了国内外的广泛关注,支持复权的呼声日益高涨。比如,1994年11月27日,《华盛顿邮报》在大字标题《受尽苦难——德国政府将如何处置希特勒国防军的逃兵?》之下,用足足两页报道了"路德维希·鲍曼(七十二岁,至今无补助金)"一生的悲惨境遇,介绍了联邦社会法院在1991年的判决和联邦政府在此之前的不作为,最后质问德国政府今后将如何处理逃兵问题。《国际先驱论坛报》(1994年,月日不详)也援引《华盛顿邮报》的报道,以鲍曼为例,指出逃兵在战后被排除在赦免法案的适用对象之外,长期无法融入社会,与原东德国家安全部(秘密警察,俗称史塔西)的党羽受到的优待完全不同。

在各大媒体的声援中,影响力最大的要数《时代周报》在1995年2月10日题为"必须公正对待国防军逃兵"的报道。文章严厉批评了联邦政府的不作为,尤其责问了这一不公现状:服务于恐怖统治的军事法庭作出的判决迟迟未被追查,党卫队的高级军官和纳粹高层以及他们的遗孀待遇优厚,而与此相对,被打上罪犯烙印的士兵却过着没有抚恤金的困顿生活。文章最后表达了对国防军逃兵复权运动的支持。该报主张，时至今日，为他们恢复名誉不会对联邦军造成任何负面影响。因为假如今天的德国意图违反基本法（第二十六条）发动侵略战争，正在服兵役的国民即使当场逃跑，也不足为奇。（以上内容摘自《活动记录》）

如上所述，舆论越来越认可鲍曼等人的行动。

但另一方面，鲍曼也遭到了强烈的反对，多次收到直接攻击他本人的辱骂信件。第一次发生在1990年12月，寄送人不明（估计是老兵）。信中内容如下。

> 做过逃兵，还有脸跑到公众面前吗？你这种在前线抛弃战友的人，就是只肥猪。我要是你，就躲在家里不出门了。早就身败名裂的人还说什么恢复名誉呢？天天宣传自己多么胆小，厚着脸皮为自己的懦夫行为要求补偿金，真是肆无忌惮。那些牺牲了生命和健康的士兵才有资格获得补偿金，你可没资格。奉告你一句，别天天在公众面前露脸了。
>
> 追加：你被关在死囚牢房的时候，每天都淋不到雨吧？我们可都是在冰天雪地的战场上拼命。
>
> （《自传》）

除了匿名的诽谤和辱骂，还有人像原国防军中校 A.G. 一样，写信攻击鲍曼时并不隐藏自己的姓名和住址。他在1994年3月寄信给鲍曼，大致内容如下。

> 鲍曼先生：
> 我读了德意志新闻社的报道才知道，原来您代表那些做过逃兵、破坏国防力量的人出席了国民哀悼日（阵亡者、纳粹主义受害者追悼纪念日——对马）。倒也不足为奇，毕竟现在的德国早就不像样了，谁都可以为所欲为。不过像您这种"对民族有害的人"，当初就该被柏林的国家军事法庭处死。既然您已经活到了今天，那就只能劝您

150

赶紧服氰化钾自尽。

向国旗宣誓忠诚、德意志万岁！

(《活动记录》)

这封中伤鲍曼的信中提到的报道具体是指，1993年11月，曼海姆市邀请鲍曼作为"全国协会"的代表出席国民哀悼日的纪念活动。仪式在市内的某一墓地举行，鲍曼上台讲述了逃兵的悲惨遭遇、军事法庭的不当行为以及自己的使命。就在此时，台下的联邦军士兵齐齐离席。负责此事的联邦军中校表示："我们之所以离席，是因为追悼逃兵无异于损害国防军士兵的名誉。"也就是说，联邦军依然无法接纳纳粹时期的逃兵。

此外，上文提到的"德国军人联盟"也始终视"全国协会"为敌。

伊姆加德·吉娜的加入

1995年，依旧事务繁忙的鲍曼在不来梅弗格萨克的事务所收到了一封来信。寄信人是居住在吕贝克的伊姆加德·吉娜（1928— ），她正是上文多次提及的国家军事法庭第二刑事部长维尔纳·吕本中校的长女。

十六岁时，伊姆加德得知了父亲的死讯。战后没多久，父亲的名誉就获得恢复，还被推崇为"司法的殉教者"。吉娜曾对这些说法深信不疑。靠着高额的遗孀抚恤金，母亲生活无忧，在母亲的庇佑下伊姆加德顺利长大成人，也找到了不错的夫婿。一直以来，她都克制自己不去追问身为纳粹军事法庭高官的父亲都做过些什么样的工作。但最终还是明白了这份职务的真相，也得知了被军事法庭定罪的人遭受的悲惨处境。她决定，要和这些受尽创伤的人站在一起，帮助他们。从报纸上得知鲍曼等人的复权运动后，经过几番犹豫，伊姆加德向鲍曼提出了面谈的请求。

鲍曼热情地接待了伊姆加德，因为鲍曼知道，她的父亲正是处决了亡友卢卡舍维茨的吕本法官，而自己所希望的是"和解"。在"全国协会"的全体会议上，没有一个人反对伊姆加德加入协会。此时的她六十七岁。

从此，伊姆加德和会长鲍曼保持着密切的联络。1996年，伊姆加德通过熟人的介绍，向当时的联邦共和国总统罗曼·赫尔佐克（1934—2017）寄出了请愿书，以支持纳粹时代的逃兵恢复权利。这个目标最终在2002年7月达成后，伊姆加德继续协助鲍曼实现"全国协会"的最终目标，即恢复战时反叛者的权利，其代表就是卢卡舍维茨。伊姆加德·吉娜在七十一岁时说道："和路德维希·鲍曼的结识帮助我清算了自己的过去。"她记得，"吕本是个温柔的父亲，在家从不谈公事"。但她没有沉溺于回忆中，而是积极地为父亲的行为赎罪，从中找到自己活着的价值。作为"全国协会"的成员，伊姆加德热心而勤恳，为鲍曼的行动贡献了巨大的力量。（《不来梅新报》2002年11月25日，《活动记录》收录）

至此，本章以鲍曼摆脱绝望后重新振作的后半生为主轴，介绍了"全国协会"的成立和发展。协会以背靠学术研究这种独特的形式开展复权运动，极大地改变了德国司法保守的立场。之后，联邦议院也讨论并通过了复权的议案，最终实现立法。由此，"全国协会"的努力终于换来了实际的举措。在这背后，顾问会的学术研究发挥了至关重要的作用。下一章将详细介绍其中的经过。

第四章

恢复权利的逃兵

1　逃兵的复权成了政治课题

议会开始讨论逃兵的复权

绿党是第一个在地方议会和联邦议会上讨论纳粹时期逃兵问题的政党。对于这个以保护自然、和平、反纳粹和反扩军为执政理念的年轻政党来说，军事司法受害者的处境是无法忽视的人道问题。自20世纪80年代起，绿党就因和平运动与鲍曼结成了友好的关系，在90年代更是在联邦议院中竭力为"全国协会"发声。

基督教民主联盟的竞争对手、在野的社会民主党也赞成重新审视纳粹军事司法，在这个问题上与绿党达成了合作关系。积极推动此举的社会民主党副主席、法学家赫塔·多伊布勒-格梅林（1943—　）在此之前就十分关注麦瑟史密特等人的研究成果。在1990年5月的党代会上，格梅林指出，逃兵和拒服兵役者遭受了严重的迫害，他们的家属同样处境艰难，应当针对这样的现状开展调查和研究，这也符合冯·魏茨泽克总统的"纪念二战结束四十周年演讲"所传达的精神。（沃尔夫格拉姆·韦特编《国防军的逃兵》）

1991年11月起，鲍曼一行人借住在首都波恩（迁都柏林的具体措施尚在决议阶段）的福音主义学生会馆。绿党提供了七十名愿意与他们面谈的联邦议员名单。在接下来的几周内，鲍曼等人走访了内务部、司法部和国防部等政府机关，向这些议员陈述实情。科尔总理拒绝了面谈，但基督教民主联盟的其他三名领导人友好地接见了鲍曼等人，不带任何偏见。这三人分别是党议员团副团长诺贝特·布吕姆、联邦议院议长里塔·聚斯穆特（1937—　）和执政党议会党团联盟党的副会长海涅·盖斯勒。鲍曼一行人接下来拜访了司法部、内务部和国防部各自的委员会，这三个部门与复权事宜直接相关，也拜访了联盟党的委员们。在鲍曼等人说明来意后，这些委员统统表示了拒绝，并且理由一致："一旦恢复了逃兵的名誉，那么国防军的其他士兵就会变成恶人，这会破坏联邦军的风气。"（《自传》）

其中还有人毫不掩饰敌意，当面破口大骂："你们这群逃兵就是懦夫。"此人正是强硬右翼、"联盟党"司法部门负责人诺贝特·盖斯（1939—　），他的父亲是法学家，自己也是律师。盖斯是基督教社会联盟选出的天主教议员，兼任联盟党司法事务的发言人。盖斯自始至终都极力反对复权运动，是鲍曼等人前进路上的一大障碍。

1990年末，在东西德统一后的首次大选中，科尔领导的执政党大获全胜。在联邦议院共六百六十二个议席（包括超额议席）中，"联盟党"获三百一十九席，联合执政的自由民主党获七十九席，两党形成了共三百九十八个席位的压倒性优势。与此相对，在野的社民党获二百三十九席，绿党由原先的四十二席锐减至八席。而这八名当选的绿党议员都来自原东德的选区，原西德选区全部落败。在之后的1993年，绿党与"联盟90"（原东德的市民政党）合并，更名为"联盟90/绿党"，以下简称绿党。加上新党民主社会主义党

(PDS，前身为东德的 SED）的十七个议席，在野党仅获二百六十四个议席。因此，在第十二个议会任期（1990—1994）的四年间，绿党无法结成有权提出议案的议员团体（人数需占议员总人数的百分之五以上），几乎失去了发言权。

这就是鲍曼等人拿着联邦议员的名单陈情时的时代背景。简而言之，他们在相当不利的情况下开始了游说议员的工作，不出所料，之后接连碰壁。

实际上，鲍曼等人整整花了十八年，才终于克服这些困难，实现复权并达成最终目标。接下来的内容将省略其中迂回曲折的经过，聚焦在几个关键的节点上。此外，本书的叙述仅限于下院的联邦议院（任期四年，由直接选举产生的议员组成），不涉及上院（由各州州长和内阁大臣组成的联邦参议院）。

盖斯议员和强硬的右翼

在此需要补充的是，由盖斯等人组成的右翼议员团体在联盟党内具有不可小觑的影响力，他们向来反感在议会上谈及纳粹军事司法。他们固执而守旧地认为，纳粹军事司法的所作所为正当无误。上一章提到，绿党曾要求政府彻查纳粹军事司法（1986 年），但政府的回复与这些右翼相差无几。归根到底，盖斯等人希望人们停止议论军事法庭的是非，对纳粹主义的批判也该适可而止。在他们看来，幸存的当事人本就数量有限，年事又高，等他们全都离世，事情就可以圆满解决。

因此，直到 20 世纪 90 年代前半期，绿党和社民党提出的有关复权和赔偿的议案未经充分的审议就遭到了否决，麦瑟史密特等人的研究成果也被议会彻底无视。其中最典型的例子要数议会依旧以埃里克·施温格所编《纳粹时代的德国军事司法》中的记述为论据,否决了绿党提出的议案(第十一个议会任期期末的 1990 年 8 月)。而社民党的提案(1993 年/1994 年)以联邦社会法院的判决(1991 年 9 月)为依据。连联邦政府都无法轻视此次判决,盖斯等右翼议员却始终拒绝接受判决结果,声称"一旦撤销军事法庭的判决,其他勇敢作战的士兵就会统统沦为不法之徒"。《活动记录》以及沃尔夫格拉姆·韦特《荣誉——属于谁?》,2015 年)

联邦议院司法委员会联盟党司法部门负责人诺贝特·盖斯

(图片来自联邦议院司法委员会成员名单一览网络存档)

汉斯-约亨·福格尔敲响了警钟

此时,汉斯-约亨·福格尔对联邦议院的现状敲响了警钟。福格尔曾任社民党施密特内阁的司法部长,继维利·勃兰特之后,在 1987 年至 1991 年担任社民党主席,1994 年 8 月从政坛引退。政治家福格尔在社民党内外都声誉卓著,还创建了弘扬反纳粹等独裁精神的社团法人"勿忘历史守卫民主协会"。1993 年,这个协会在四百多名社会各界人士的支持下成立,其中包括援助认信教会的神学家埃伯哈德·贝特格(1909—2000)等知名学者、基督教民主联盟的联邦议院议长里塔·聚斯穆特以及其他超党派的政治家、记者以及实业家等等。

1994 年 4 月,从政坛引退之前,福格尔与贝特格、神学家里沙德·施罗德和柏林州议会议长汉纳·劳伦（基督教民主联盟）共同出版了演讲集《勿忘历史、守卫民主》。社会各界重要人物、联邦议院的议员以及司法委员会的委员都收到了这本书。书中附有福格尔的评论文章《第二次世界大战期间军事法庭毫无意义的死刑判决》，以及社民党和基督教民主联盟反对极右翼和激进派的党内决议记录（1993年）。福格尔忧虑于针对军事司法是否合法的审议毫无进展，因而写下了这篇评论文章。大致内容如下。

原社民党主席汉斯-约亨·福格尔（W. Wette：Ehre, wem Ehre gebührt！，2014)

近年来，对德国军事司法的批判性研究取得了丰富的成果，军事司法官们打造的服务于法治国家的司法形象已逐步崩塌。德国抵抗运动纪念馆内展出的历史档案揭露了国家军事法庭对"7月20日密谋案"等反纳粹运动的镇压。显然，军事司法不仅没有和纳粹统治保持距离，而是和一般的司法体系一样，服务于纳粹的指令。军事司法最重要的目标不是思考如何裁决士兵的犯罪，而是让所有士兵都心生畏惧。为此，除了射杀死刑犯之外，军事惩戒集中营和惩戒部队在其他刑罚的执行上也极尽残暴之能事。根据近年的研究，军事法庭作出的死刑判决量远超一万六千起（出处不明——对马）。在我国法律历史上还从未出现如此严酷的司法。

但是，直到不久之前，还从未有人质疑军事法庭的判决是否正当。这一部分也是因为，不管是取缔了纳粹非法统治的联合国托管理事会法，还是战后各州的法律，都对撤销军事法庭的判决束手无策。逃兵成了这种局面最大的受害者,他们中的幸存者至今依然苦不堪言。

就在最近,司法才终于开始重新审视军事法庭的所作所为。比如,在联邦社会法院 1991 年 9 月的判决中,法院在深思熟虑后总结道:"军事法庭是纳粹恐怖统治的帮凶。"这份判决书值得我们反复阅读。

联邦议院中也有越来越多的议员试图在议会上探讨纳粹德国司法的罪责及其受害者的复权,我们应当鼓励这样的新动向。1986 年,绿党就纳粹军事司法的合理性对政府提出了质疑。1989 年,在前司法部长汉斯·恩格尔哈德的主导下,"司法与纳粹主义展"面世。由于学术准备不足,此次展示会鲜有提及军事司法。到了今天,应当由我们来揭露军事司法的真正面目。

最后,我必须提醒大家,应当同任何服从于纳粹主义的空洞思想进行判决的"司法"保持距离,这才是我们对待历史应有的态度。

(汉斯-约亨·福格尔编《勿忘历史、守卫民主》 1994 年)

这篇文章在联邦议院的议员中广泛传阅,影响巨大。作为议员声名远播的福格尔明确指出,针对纳粹军事司法真相的讨论是当务之急,联邦议院必须改正压制相关提案、无视历史事实的态度。实际上,在之后的大选中,随着在野党赢得更多的席位,联邦议院也不再袒护纳粹军事司法。

终于,联邦议院开始正视鲍曼等人的夙愿,院外也有福格尔等大人物支持,复权运动的开展越来越顺利。

审议进入正式流程

1994 年 10 月,科尔政权赢得大选继续连任(第十三个议会任期,结束于 1998 年 10 月),但优势明显下降,仅比在野党多了十个席位。具体来说，联合执政的联盟党（二百九十四）与自由民主党（四十七）共获三百四十一个席位，在野的社民党（二百五十二）、绿党（四十九）以及民主社会主义党（三十）共获三百三十一个席位。1995年1月30日，在绿党司法事务发言人福尔克尔·贝克（1960—　）和社民党司法部门负责人多伊布勒-格梅林的推动下，联邦议院重新受理了关于"撤销纳粹体制下对拒服兵役、逃跑、破坏国防力量等行为的判决并恢复受害者权利"的共同议案。

如果联邦议院决议通过此项议案，政府将推出相关法案以落实以上诉求，这是提案者们最大的期望。鲍曼也参与起草了议案。提案理由援引了迄今获得的大量研究成果，包括麦瑟史密特和维尔纳的共同研究（1987年）以及维尔纳（1991年）、卡姆勒（1985年）和哈泽（1993年）等人的个人调查研究，详细阐述了纳粹军事司法和受害者的历史事实。这些年来，相关领域的研究硕果累累，提案者们希望以此证明纳粹军事司法的罪行。

议案提出了以下四个问题：①全面废除军事法庭的判决还是按犯罪事项逐一审查；②军事法庭的判决是否与其他民主国家相似；③废除判决结果是否意味着对第二次世界大战中其他德国士兵的侮辱；④即使是在民主国家，官方主动废除判决结果是否会造成逃兵增加。议案的观点是：首先，应当全面废除军事法庭的判决，其次，②至④的回答都是"否"。议案中详细阐述了针对①的论点。一方面，纳粹军事司法本就违背法律精神，肆意解释法律。另一方面，记录文书残缺不全，所以无法实现逐一审查。

在联邦议院完成大致讨论（首读）后，议案被移交至负责复权事项的司法委员会。在司法委员长艾尔曼·霍斯特（基督教民主联盟）的主持下，从1995年4月27日至1996年5月8日以扩大会议

的形式（由三十二名委员和三十名代理委员组成）总计共讨论了十三次。(联邦议院复印资料 13/4586)

在 1995 年 9 月的会议上，联邦议院决定就纳粹军事司法和逃兵的问题召开听证会。鲍曼与司法委员会的代表委员福尔克尔·贝克和多伊布勒-格梅林紧密合作，开始为听证会做准备。一般来说，各议员团体都会邀请立场一致的专家作为委员出席听证会陈述意见。因此，鲍曼回忆道，除了自己之外，他当时还计划邀请麦瑟史密特、前联邦社会法院法官特劳戈特·武尔夫霍斯特出席听证会。鲍曼欣喜地感慨道，在"全国协会"成立五年后，终于能在国家立法机关直言自己对"复权和补偿"的主张。1995 年 11 月 29 日，听证会在第三十一次司法委员会议中召开。

就在听证会两周前的 16 日，联邦最高法院在判决中严厉批评了纳粹司法和军事司法，否定了它们的合法性。紧接着联邦社会法院、最高法院也作出了如此的判决，这对社会造成了巨大的冲击。在司法的施压下，立法机关已无法再回避军事司法的问题。各界媒体都十分关注各位专家委员将如何交锋，从全国性报纸到地方报纸都报道了此次听证会。我根据听证会的"议事录"（第三十一号）简单概括了各方意见。

鲍曼在听证会上的发言

除了鲍曼，还有另外九个人在听证会上作了发言，超过半数都由联盟党推荐。原军事司法官、原马尔堡地方法院院长奥特弗里德·克勒（1911—2017）也在其中，这遭到了在野党议员团体，甚至基督教民主联盟年轻议员的反对，但联盟党司法部门负责人盖斯压下一切反对的声音，执意让克勒出席。最终，意见陈述和议员质询用了足足六个小时，审议陷入僵局。

各大媒体都把焦点对准了鲍曼。同年5月8日，也就是二战结束纪念日这一天，鲍曼和"全国协会"及一名库尔德女性被共同授予了"亚琛和平奖"。在颁奖仪式上，他说道："真希望我的领奖能促成三百多名尚未离世的逃兵实现复权。"对此不满的盖斯议员迅速向熟知的媒体发表声明，试图牵制鲍曼："本人所属的议员团体绝不会给逃兵发'无罪证明书'（全面撤销判决，恢复权利——对马）。有充分的案例证明，逃兵往往通过犯罪手段逃离军队。因此，我们将坚持逐一审查。"（《活动记录》）盖斯之所以偏偏选中原军事司法官克勒，想必也是为了激怒饱受有罪裁决折磨的鲍曼。

一番波折后，备受媒体关注的听证会如期举行。根据原计划，委员们将基于各自提交的资料按姓氏首字母排序依次陈述意见，之后回答议员的质询。但部分受邀的专家委员对逃兵大肆批评，责难不断，导致听证会无法正常进行。最终，陈述内容被简单地一分为二。所以接下来将首先介绍第一个发言的鲍曼提出的主张，然后简单概括反对和赞同鲍曼的主要意见。

听证会的两周前，最高法院在判决中回应了撤销军事法庭判决的呼声，所以欣喜万分的鲍曼在听证会上也斗志昂扬。根据他提交的资料，尚在人间的三百名逃兵依旧背负着"前科"的罪名，但根据政治周刊《议会》（1995年12月8日）的舆论调查，仅有百分之十五的受访者"反感"逃兵，有百分之三十六认为他们是"反抗者"，甚至有百分之十评价他们是"英雄"。鲍曼指出，"全面撤销判决"的反对者声称逃兵为了逃跑可以杀人、逃跑意味着不顾战友的生死，但实际上大多数逃跑都发生在后方或是返乡休假时。鲍曼还复印了自己被胡乱判下死刑后受到特赦时的相关文件，和其他资料一同提交。

基于提交的资料，鲍曼阐述道，很多人之所以做逃兵，是因为目睹了包括妇女儿童在内的当地居民惨遭屠杀。这样的决定需要将生死置之度外，所以逃跑是比同战友并肩作战更加危险的行动。人们应当看到，对纳粹国家非法行为和战争犯罪的抗议才是逃跑真正的动机。接着，鲍曼拿出了慕尼黑联邦军事大学现代史、军事史教授弗朗茨·赛德勒（1993— ）的著书（书名不详），痛斥书中的观点简直是"法西斯主义"。赛德勒在书中极力否认上述事实，声称大多数逃兵出身贫寒，"以自我为中心"，根本没有任何政治信念，只是一群愚蠢又胆小、嗜酒、"反社会"的渣滓。实际上，赛德勒作为专家委员提交的资料也都是关于对军事法庭判决的支持和对逃兵行为的全面否定。

最后，鲍曼总结道，以全面撤销判决的形式寻求复权并不是为了每一个士兵个人的利益，而是为了追问希特勒发动的战争为何会导致士兵纷纷出逃的局面。鲍曼主张，只要联邦议院"象征性地宣布"军事法庭以逃跑、拒服兵役、破坏国防力量等罪名作出的判决毫无道理，曾经获罪的人就可以从至今为止遭受的排挤和孤立中解放出来，获得"迟来的作为人的尊严"。

反对意见

鲍曼陈述完毕后，原军事司法官奥特弗里德·克勒像给出席听证会的人讲课一般，首先阐述了审判官的职责和军事法庭的组成，接着强调军事司法的活动符合法治国家的精神，且军事法庭在处置所有的被告人时都"宽仁大度"（被这种主张惹恼的鲍曼呵斥对方"厚颜无耻也要有个程度，别扯谎了"，后被委员长制止）。克勒还认为，逃跑不过是因为自私自利，破坏国防力量则出于与国家利益相悖的政治理由，拒服兵役的基本都是因为信奉特殊的宗教（"耶和华见证人"），所以不应当把他们的判决一概而论。

这番陈述措辞落后，结论也莫名其妙。但接下来发言的"德国军人联盟"会长、原联邦军少将于尔根·施赖伯（1926—   ，1987年至2001年担任会长）也表达了相似的意见。在前一年的1994年2月，施赖伯寄信给"全国协会"，并署上了自己的名字。信中写道："联邦社会法院的判决书和施温格博士著书里写的内容根本不一样，真是岂有此理。整个'军人联盟'都不会承认你们逃兵是反抗者。"接下来的3月2日，北德意志广播（NDR4）邀请施赖伯与鲍曼对谈。在节目中，施赖伯坚决不接受逃兵的作为，并声称把希特勒发起的战争看作违反国际法的侵略战争不过是这二十多年来的想法。施赖伯自然也全盘否定麦瑟史密特等人的研究，对他们充满敌意。

正因为这样的立场，施赖伯在听证会上声称，新兵入伍后首先应该了解逃跑会被处罚、逃跑令人不齿，这样的基本原则也适用于联邦军士兵，"战友意识"也必须被传承。他还辩称，军事司法的最高长官鲁道夫·莱曼也从未被允许亲自面见希特勒，可见军事司法官享有独立审判权。这名代表了四万名成员的"德国军人联盟"会长接着说道，之所以有人把军事司法叫做"恐怖司法"，不过是受了东德在20世纪60年代发起的反西德运动的影响。军事法庭处死了一万人这个事实确实骇人听闻，但必须考虑到当时战事拉长、战线扩大的情况。因此，试图为逃兵复权，根本就不可理喻。

上文提到的赛德勒教授也作了陈述。或许是因为自己的著作遭到了鲍曼的抨击，恼羞成怒的赛德勒一开口就怒骂鲍曼"明明不是专家，怎么敢把我的书和法西斯主义混为一谈"。

接着，赛德勒全盘否定了麦瑟史密特在对纳粹军事司法的批判性研究中提出的先驱性理论。赛德勒声称，把军事司法定性为"恐怖司法"毫无根据。首先，一千五百名军事司法官中的大多数并不是纳粹党员，也同纳粹思想保持着一定的距离。其次，在判决中，他们为了维护被告人的利益处处手下留情。并且希特勒本人也以军事法庭为敌，甚至打算在1945年1月收回军队的审判权。他还援引科尔内利明斯特、维也纳和布拉格等地的档案资料，称这些因逃跑、拒服兵役和破坏国防力量等不同罪名的被告人情况不一，不能一概而论。至少，逃兵的行为都出于个人目的，比如撇下战友独自逃命。因此，绝不能一下子清除所有逃兵的罪名。

读完以上三人拥护纳粹军事司法正当性的陈述，想必读者也可以感受到，他们根本没有深刻反思纳粹主义。日报《施瓦本邮报》（12月1日）以大字标题《纳粹的空洞思想依然健在》报道了听证会的情况，《时代周报》（12月22日）也讽刺这三人是"幽灵在表演"。

鲍曼的赞同者

赞同鲍曼的委员们又表现如何呢？

首先是法学家奥托·格里奇内德尔。上一章提到，他高度评价了联邦社会法院的裁决。格里奇内德尔把对这场判决的论述作为向听证会提交的资料。他的陈述含着怒气，直言希特勒发动的战争以民族灭绝和掠夺他人财富为目的，是前所未有的"非法"行为，而将军们听命于希特勒，他们同样做出了"极端非法的行为"，此次听证会的讨论只有从这一点出发才有意义。格里奇内德尔还提到自己因批判纳粹主义而遭罢免，作为军事司法官的下属在战争最前线驻守了五年。在此期间，他每一天都目睹从未上过前线的司法官们是何等的肆意妄为，在裁决时又是何等的麻木不仁。

格里奇内德尔直言军事司法官们"不过是恐怖统治的帮凶，服务于违反国际法的侵略战争"，甚至抨击他们根本没有资格从联邦共和国领取高额的退休金和工资。这些军事司法官的作为配不上"法官"二字，他们作出的判决也违背了刑罚的本意。也就是说，"不仅应该撤销，还应该宣布军事法庭的判决毫无意义"。格里奇内德尔主张，通过这种彻底否定的方式，"实实在在地为本不应该获罪的人恢复权利"。

接下来发言的是特劳戈特·武尔夫霍斯特，他因实现联邦社会法院首个革新性判决而备受媒体的关注。他在提交的资料中指出，很多人依旧坚信"当时合法的事到了今天就变非法，这毫无道理"。而自己之所以作出 1991 年的那场判决，是因为坚信"军事司法是纳粹德国这个国家恐怖统治的工具"。武尔夫霍斯特还详细介绍了结案后的情况。尽管得到了法院的支持，但受害者依然无法恢复名誉，也没有获得任何补偿。因此武尔夫霍斯特决定借听证会再次陈述自己的观点，大致如下：

> 国防军及其司法是纳粹国家恐怖统治的工具，纳粹军事司法的内核是极端的威慑。军事法庭的判决是恐怖思想付诸实践后的产物，纳粹军事司法的专横和冷酷在其中展露无遗。所有判决都是不当措施，因此不必专门耗费人力逐一审查受害者的具体情况，应当根据联邦补偿法（1956年）为所有受害者寻求替代性的补偿措施。

武尔夫霍斯特最后强调:"这些受害者的牺牲无法换来德国人民的幸福,他们只是受到无视人权的独裁国家的胁迫而白白地丧了命,这才是最荒唐的。"

为鲍曼等人以及"全国协会"的活动提供理论支持的麦瑟史密特也发表了陈述。他在提交的资料中指出,责备所谓的"逃兵为了逃跑不惜犯罪、不顾战友的安危"是极其浅薄的想法,并列举了大量实例和处罚的统计资料予以反驳。麦瑟史密特在陈述中的意见大致如下。

如果到了今天,我们依然遵循战时的法律,把逃兵看作罪犯,那早就该听说好几万士兵因杀人、强奸、以枪支胁迫他人发生性行为等大大小小的罪名而受到惩罚。但从没有人追究过他们的罪行,因为联邦总理在战后出面为国防军士兵向世人道了歉(想必是指阿登纳总理在1953年的公开道歉——对马)。那么,为什么眼前的这些逃兵就该永远背负罪名呢?我们该如何对待他们呢?逃兵只是因为无法忍受战争的残酷、只是为了抵抗妄图让战争永不结束的纳粹才选择了逃跑。我想我们战争一代背负着思考逃兵问题的义务。假如我们这代人决心要清算纳粹战争以及军事司法带来的恶果,出于人道义务也应当为逃兵复权。我必须指出,从第三帝国残缺不全的统计来看,仅逃兵就有几万人被判死刑。用这一个数字就能证明,纳粹司法的严酷在几百年德国司法史和刑事司法史上都绝无仅有。

混乱的审议

在十名专家陈述完毕后,听证会进入了议员质询的环节。

在希特勒发动了"非法"战争这一前提下,以多伊布勒-格梅林为代表的社民党议员和绿党的福尔克尔·贝克议员试图抛出"按照今日的视点赔偿受害者"这一论点。但盖斯议员要求其他专家委员就格里奇内德尔提出的"二战是犯罪性侵略战争""二战中的一切都是非法的罪行"等观点展开辩驳,试图把针对复权和赔偿的讨论推倒重来。

盖斯这么做的契机是慕尼黑现代史研究所所长霍斯特·默勒(1943—)提出的主张。这名专家委员由盖斯推荐,尽管他在陈述中承认"纳粹体制具有犯罪性的特征""二战是犯罪性的侵略战争",但同时也主张"历史学家应当考虑'当时的历史环境'""一般来说无法从一开始就认定一场战争是'非法'的"。默勒认为:"即使是纳粹军事司法,也应当考虑它在不同历史阶段的差异,或者说变迁过程。"盖斯提出质询后,默勒再次就上述的观点展开了漫长的论述。结果,讨论失去了重点,话题越跑越远。原军事司法官克勒年事已高,听力不佳,所以早早地保持了沉默。赛德勒和施赖伯则借着默勒的观点,反反复复地论述早已提及的逃兵的利己动机。

赛德勒甚至在发言途中对鲍曼轻蔑地讥讽道:"你可没资格对专业领域的事说三道四。好好查一查军法的规定吧,你就能明白自己为什么被判刑了。"想必是赛德勒因为受到了鲍曼的批评,恼羞成怒。(二人将在2002年4月的听证会上再次交锋)

虽然委员长艾尔曼竭力收紧讨论的范围,但议员和委员都情绪激动,质询环节也变得杂乱无章。到晚上8点,听证会已足足开了六个小时,麦瑟史密特用以下的这番发言为讨论画上了休止符。

> 虽然对于历史学家来说,研究行为主体的动机通常是意义深远的。但对于眼前我们面对的问题,动机根本不重要。士兵当然是在多种多样的动机下才会做出逃跑或是破

坏国防力量的行为。我们没必要因此就去调查清楚每个人的动机，而应该关注他们的复权问题。（中略）1990年10月成立的"全国协会"由三十七人组成，大多数都疾病缠身，切断了与社会的联系。补偿自然是必要的，但他们最渴望的是恢复自身的名誉，不管还要等多少年，也要重获作为人的尊严。（中略）只要联邦议院还没有决议通过"所有的判决都是不正当的"这条原则，我们就会继续战斗下去。

最后，委员长艾尔曼对纳粹军事司法的见证人、七十三岁的鲍曼表达了理解和慰问。针对逃兵复权问题的第一场听证会终于在讥讽和责难中落下了帷幕。

之后，各议员团体开始评判听证会的结果，在1996年1月前，进行了多番审议。但在之后召开的委员会议中，各团体未能取得共识。委员长在1996年5月9日提交的报告中写道："社民党和绿党的议员团体要求今后继续讨论逃兵复权的问题。"（联邦议院复印资料）

最终，联邦议院仍旧认可了纳粹军事司法判决的合法性。受害者的处境也没有得到改善。

上文提到的日报《施瓦本邮报》评论道："此次听证会了无生气，如同在和亡灵对话，路德维希·鲍曼几乎陷入绝望。"在报道的末尾，该报引用了社民党的多伊布勒-格梅林在听证会结束后回答记者关于今后展望时说的话："这么多年来，军事司法的受害者迟迟无法恢复权利，这让我们所有人感到耻辱。"事已至此，只能继续摸索新的方向，在已有成果的基础上继续前行。于是，鲍曼和麦瑟史密特决定，重新把精力放在联邦议院外的活动上。

2 联邦议院外的活动与联邦议院内的变化

德意志福音教会会议的"宣言"

与原社民党主席福格尔的相识一下子扩大了鲍曼的活动范围。从政界引退后,福格尔继续在"勿忘历史守卫民主协会"的会报(1996年7月号)上发表评论文章,呼吁"必须撤销军事法庭的判决",并关注着代表人物鲍曼的活动。鲍曼也十分认可福格尔的这篇文章,把它转载在了麦瑟史密特和金特·扎特霍夫等学术顾问的论文集《纳粹军事司法的受害者》卷首(1994年刊,"全国协会"和"全国联络协会"共同编写)。

因为有了这层亲近的关系,鲍曼还结识了福格尔常年的政治同盟、社民党政治家于尔根·施穆德(1936—)。施穆德同时担任德国福音教会会议的主席(1985年至2003年在任)。关于这一点,我将做简单的补充介绍。

第一章中提到,鲍曼在单独关押的死囚牢房内听见从军牧师以"请保佑元首"这句话结束祷告,深受打击后脱离了教会。在希特勒独裁统治瓦解后的德国,福音教会被编入坚决捍卫教会信仰独立的认信教会,成立了全新的德国福音教会。虽说不够名副其实,信奉新教的德国福音教会(EKD)成为了唯一一个没有向纳粹主义屈服的历史性组织机构,与天主教一样,在战后保持着高度的社会权威。

鲍曼自己也在妻子瓦尔特劳德离世后回归宗教,重新恢复了信仰。

虽说在东西德统一后的德国国内,天主教和新教的信徒数量不相上下,但在和平宣传以及社会服务等活动上,全国二十个州福音教会以及联合体 EKD 发挥着无可比拟的巨大作用。全国总计两千万名信徒,他们对社会舆论的影响也不可小觑。这个教会联合体每年都会举办一次 EKD 教会会议,是联合体内最高级别的会议,审议各大重要事项,各个州教会代表和 EKD 评议会的代表都将出席。自 1985 年以来,施穆德主席一直领导着这个代表团。

在施穆德主席的协助下,从 1996 年夏天起,鲍曼和麦瑟史密特多次造访 EKD 总部所在地汉诺威市,在当地举办的教会会议上,详细介绍了军事法庭在纳粹统治时期的不当裁决,并回答了代表们的质询,参与了会议讨论。二人之所以这么做,是期待着福音教会的影响力能对联邦议院施压。

在此稍稍岔开话题。

恰好在这段时间,鲍曼被推举为诺贝尔和平奖的候选人。翻开推荐者名单,首先是德国作家联盟会长夫妇,其次是活动范围横跨全欧的和平团体、世界教会和平论坛、各地的拒服兵役团体和绿党各地区组织,接下来还有神学、法学的教授,拉尔夫·乔达诺(《第二种罪》的作者,有日译版)等知名作家,原民主社会主义党主席格雷戈尔·居西,总计共一百二十五个团体和个人。发起此次推举的"波茨坦市民运动"在理由书中写道:"鲍曼不仅常年参加和平运动,还把集结了幸存逃兵的复权运动发展成了和平运动。"换句话说,如今复权问题已不单是为了逃兵,更"象征着追求和平"(沃尔夫格拉姆·韦特)。虽然鲍曼最终未能得奖,但据媒体报道,他本人并不介意。总之,鲍曼已成为了"德国最著名的逃兵"。

另一方面，上文多次提到，联邦军和"德国军人联盟"十分敌视鲍曼，比如曾在1993年11月举办于曼海姆的追悼仪式上羞辱鲍曼。对此，鲍曼向国防部寄出了抗议信。出人意料的是，在国防部长福尔克尔·鲁厄（1942—　）（属基督教民主联盟，1992年至1998年在任）的授意下，相关负责人回复了鲍曼。信中写道："您提出，在纳粹德国的非法体制下，国防军被恶意利用，沦为了实施犯罪性战争的工具。在这一点上，我们深有同感。（中略）联邦军也有意追悼战争和暴力统治的受害者。（中略）您的遭遇让我们意识到，必须把这样的意图传达到士兵中间，得到他们的理解和接纳。在下将以您的来信为警示，在今后的士兵教育活动中努力实现这一目标。"（《自传》）

国防部长鲁厄不是平庸而保守的政治家。国防部立刻实施了他的包容性基本方针。因此，联邦军收敛了对鲍曼等人的反感，不再妨碍复权运动。只有"德国军人联盟"和极右的新纳粹主义组织继续表露出明显的敌对态度（2007年1月30日，鲍曼收到最后一封匿名诽谤信）。

与此同时，鲍曼和麦瑟史密特在汉诺威花了很长的时间向代表说明逃兵问题，同他们讨论复权事宜。而以上两件事恰巧就发生在这段期间。多亏如此，鲍曼和麦瑟史密特的主张得到了代表们的理解，付出终于有了回报。在1996年11月6日召开的教会会议上，一百二十名出席的代表中有一百十五人赞成了以下决议。决议将提交至联邦议院。其中共包含八项条目，概述如下：

　　1939年至1945年期间，有大量同胞因逃跑、拒服兵役、破坏国防力量等行为遭到军事法庭定罪。他们中有少数人尚在人间，但依然被视作有前科。我们认为，军事法庭本就不应当追究他们的责任。

EKD 教会会议宣言如下：

一　在第二次世界大战期间，本教会未能承认这一事实。因此在今天，我们必须指出，二战是侵略战争、种族灭绝战争，是纳粹德国犯下的罪行。

二　拒绝参与犯罪的人值得尊敬。如今，我们已经认清了纳粹的独裁统治及其热衷于战争的犯罪性特质，不应当让受害者继续承担因抵抗纳粹而背负的有罪判决。拒绝参与犯罪不应当遭到处罚。

三　为逃兵复权，并不意味着贬低战争中其他德国士兵的价值。大多数士兵都曾相信，参加二战是为了履行对祖国的义务，所以从未打算逃跑。幸存的逃兵代表们也是这样的看法。

四　可以推断，有些人逃跑的动机和理由并不正当。但战争已结束了五十年，实在无法一一调查每个逃兵的行为。

（中略）

八　恢复军事法庭受害者的权利，并不会对德国联邦军造成负面影响。联邦军是民主法治国家的军队。基本法禁止任何试图发动侵略战争的行为，《军人法》更是禁止联邦军士兵服从任何犯罪性命令。因此，抵抗纳粹独裁统治的男女所传达的精神，本就属于联邦军核心理念的一部分。

EKD 教会希望德国联邦议院通过相关决议，承认军事法庭在第二次世界大战期间针对逃跑、拒服兵役、破坏国防力量等罪名作出的判决无效。

（后略）

1996 年 11 月 6 日于汉诺威
EKD 教会会议主席　施穆德
（《德国福音教会机关报》 1996 年第 12 号收录）

这份"宣言"被寄往了联邦议院,在议员中引起的冲击远超最高法院的判决,致使联邦议院不得不改变了在逃兵复权问题上的态度。

"国防军犯罪展"

需要补充的是,在此之前,汉堡社会研究所主办的移动展示会"种族灭绝战争:国防军的罪行——1941年至1944年"("国防军犯罪展")已极大地改变了舆论。在所长扬·雷姆茨玛的领导下,研究所经过充分的讨论和调查后策划了此次展览,并从战后五十年的1995年3月到1999年11月,以汉堡为起点,在德国和奥地利的三十三个城市巡回展出。上一章提到,雷姆茨玛为"全国协会"提供了重要的财政支持。策划的主旨是为了客观展示国防军在东欧和苏联占领地的作战策略并不像寻常一般是为了"打赢别人",而是为了实现"种族灭绝"。军事司法在其中的作用也随之大白于天下。因为在展出的大量照片中,与民间反抗组织有关的男女均获重刑,而掌握裁决权的只有军事法庭。

为了观看慕尼黑市政厅内开办的"国防军犯罪展",人们排起了长队(1997年)(Ehre, wem Ehre gebührt!)

此次展示会的内容对于学界来说早已十分熟悉，但让许多普通市民一时难以接受。在战时，国防军的兵员总数达一千八百万人，这意味着一大半德国人的祖父、父亲都曾直接参与战争。因此，展示会掀起了战后德国社会空前未有的激烈讨论。

鲍曼一开始就在展示会担任解说员，他在《自传》中悲痛地写下了巡回展出过程中遭到的反对。

> 在不来梅，经过了漫长的商议，展示会才得以开办。1997 年初，在慕尼黑，针对展示会是否合宜爆发了激烈的争论。甚至还有约五千名展示会的反对者持续游行，其中有老人也有年轻人，他们打着新纳粹团体（德国国家民主党，简称 NPD）的旗号，高喊"祖父和父亲不是杀人犯"、"守卫国防军的名誉"。(《自传》)

"德国军人联盟"是展示会最大的反对者。国防部长鲁厄对此表示了批评，并声明联邦军和国防军有着不同的传统。想必鲁厄难以接受"联盟"会长施赖伯竟在听证会上公然表达亲纳粹的主张。（由于双方立场不同，2004 年起联邦军不再协助"联盟"的活动，并禁止士兵接触"联盟"成员。这加速了"联盟"的瓦解。）

尽管移动展示会的内容引发了人们的厌恶、反感和反对，但德国人不得不承认，其中揭露的历史事实才是国防军的真相。至少，再谈"国防军毫无瑕疵"的神话，已不能说服任何人。只剩下极右翼还在申辩希特勒发动的战争正当合理。可见，"国防军犯罪展"促成了舆论的重大转向。

这股舆论的新气象对鲍曼等人十分有利，联邦议院也以此为契机，一改以往的懈怠，开始直面逃兵问题。

联邦议院的"决议"

EKD教会的"宣言"对议会党团联盟党和联邦政府造成了强烈的冲击。不管是基督教民主联盟,还是基督教社会联盟,原本都是推崇基督教理念、联合了新旧政党的基督教新党(从人员组成上来说,两党的前身可追溯到魏玛共和国时期的天主教系政党"中央党")。因此,这份要求解决复权问题的"宣言"对两党来说格外意义重大。况且EKD教会的背后有着压倒性多数的选民。联邦政府和议员们最关心的大选定于1998年9月召开,民意的考核即将到来。因此,联邦议院必须明示将如何处置逃兵复权的议案,在大选前的第十三个议会任期内完成决议。即使是联盟党的强硬保守派,也不会在这个节骨眼坚持主张军事司法的正当性。

距离听证会结束已过去了一年半,联邦议院终于开始重新审议被搁置的复权议案。最终,议会党团联盟党决定向社民党妥协。于是,基于司法委员会在1997年5月14日起草的议案,达成了"联邦议院1997年5月15日的决议"。"决议"共有五项条目,多数内容都参考了EKD教会的"宣言"。

"决议"第一条与"宣言"一致,明确强调"第二次世界大战是侵略战争、种族灭绝战争,是纳粹德国犯下的罪行"。第二条相比"宣言"多了一句话:"在二战中,有几万德国士兵和平民因'拒服兵役''逃跑、逃亡''破坏国防力量'等行为获罪,其中几千人被处刑。"第四条整合了"宣言"的第三条和第八条。可见,对于司法委员会和联邦议院来说,"宣言"中的内容已成了无法否定的基本思想。

问题出在了"决议"的第三条和第五条。第三条写道:"德国联邦议院向受害者及其家属表示深切的哀悼。军事法庭在第二次世界大战中作出的判决违背了法治国家的价值规范。假如按照这样的规范,曾被裁决的行为在今天依然非法,那还容易判断。但是,在战后超过五十年的今天,已然不可能逐一调查每个逃兵的案件中是否涉及非法行为。"

读到这里,即使联系上下文来看,想必读者也会感觉到"假如……那还容易判断"这句话突兀而别扭。加入这句话的正是盖斯议员等人。这当然遭到了反对。绿党的福尔克尔·贝克就主张这句话语义不明,应当被删除,并且无差别地一同废除拒服兵役、逃跑和破坏国防力量等罪名。社民党的多伊布勒-格梅林还要求删除之后的"在战后超过五十年的今天……"这句话。但在多数票表决下,这些反对意见都被压了下去。支持盖斯的议员认为,拒服兵役、破坏国防力量的判决与逃兵的判决应当区别对待。

"决议"的第五条要求联邦政府以 1998 年年末为最后申请期限,向申请补偿的受害者及其家属一次性支付七千五百马克。对此,贝克等人要求提高补偿金额,与国防军士兵以及党卫队的遗孀一样,每月支付五百马克的抚恤金。但也被否决了。反对的理由是,幸存的死刑犯在接受特赦、被减刑时,"已被视为军队的污点、不再属于国防军"。盖斯一方玩文字游戏,辩称因为这些人已被剥夺了国防军士兵的身份,所以没有资格受领抚恤金。(联邦议院复印资料 13/7669 以及沃尔夫格拉姆·韦特《荣誉——属于谁?》)

鲍曼等人不接受这份决议草案。因为到了申请补偿金的阶段,联邦政府依然会逐一审查每个受害者的案件。

虽然绿党在议会上要求商议删除部分语句,但"决议"还是在多数票表决下被采纳了。

在联邦议院通过"决议"的三天前,《明镜》周刊(1997 年 5

月12日）详细报道了"决议"的相关内容。报道中指出，"拒服兵役"这一行为，符合基本法中士兵有权因违背良心而拒服兵役的规定。从言论自由的角度出发，也自然应当撤销纳粹军事法庭对"破坏国防力量"这一行为的判决。因此问题的焦点落在了对逃兵的处置上。当被记者问及为什么不能一并恢复所有逃兵的权利时，盖斯议员以联盟党司法事务发言人的身份回答道："假如曾做出今天看来依旧违法的行为，那么在复权问题上就会受到限制。就逃兵的情况来看，他们往往一开始就做了违法的事，为了逃避惩罚才逃跑。因此复权绝不可能。"

盖斯议员的这番话是什么意思呢？"全国协会"的学术顾问沃尔夫格拉姆·韦特分析道："逃跑必定伴随着非法行为（为了出逃，偷盗食物、代替军服的便服等等），反对派试图以此为理由拒绝逃兵的补偿申请。之所以聚焦在无法避免的附带行为上，是为了回避'为什么逃跑'这个真正重要的问题。"总之，盖斯等强硬的右翼议员依然执着于阻碍逃兵的复权。

鲍曼向《明镜》回应了一句话："在这次的决议中，我们并没有实现复权，而是再次受到了侮辱。"（《活动记录》）

联邦议院在1997年通过的此次"决议"对联邦政府没有法律约束力，政府不必实施相关举措。"决议"只能表明联邦议院在复权问题上的态度，但对后续的立法依然具有指导性意义。因此，在绿党福尔克尔·贝克议员的主导下，联邦议院内再次掀起了针对修改"决议"、全面恢复国防军逃兵权利的讨论。鲍曼等人也以全面恢复权利为目标继续行动着。

此时，尚未离世的逃兵还有二百五十人。

3 逃兵实现复权——《纳粹不当判决撤销法修正法案》

《纳粹不当判决撤销法》和逃兵被排除在外

EKD 教会会议的"宣言"和联邦议院的"决议"等新动向也对联邦政府产生了影响。由自由民主党入阁的司法部长埃查德·约尔齐希（1941— ）决定准备针对纳粹不当判决的法案。约尔齐希出生于德国北部，是基尔大学的法学教授，自 1996 年起担任司法部长。根据《自传》所述，不知从何时起，鲍曼和约尔齐希有了交情，二人互相理解，曾多次对话，也互通书信。鲍曼还作为亲历死刑判决的纳粹军事司法见证人，和"全国协会"的成员一起参与了法案的起草。

经由鲍曼的协助，社民党和绿党以联邦政府的草案为参考，在一番改动后相继向联邦议院提交了《纳粹不当判决撤销法案》。执政党的议会党团也基于政府的草案提交了相关法案，经过 1998 年 3 月 4 日全体会议的讨论后，法案提交到了主要负责复权事宜的司法委员会。5 月 27 日，完成审议的司法委员会在投票后决定，采纳执政党议会党团提交的法案。28 日的全体会议也通过了该法案。于是，《纳粹不当判决撤销法》出台（正式名称为《针对纳粹在刑事司法上的不当判决和旧优生法院绝育命令的撤销法》，1998 年 8 月 31 日公布）。

从正式名称中可以看出，这实际上合并了两条法案。臭名昭著的《绝育法》(1933年)造成三万五千名受害者被强制绝育，纳粹甚至在法律层面宣告这些受害者是"没有存在价值的生命"。所有议员团体一致同意撤销绝育处置决定。

另一方面，《纳粹不当判决撤销法》的第一条规定："本法律撤销自1933年1月30日之后的刑事审判中基于政治、军事、人种、宗教以及世界观等理由的有罪判决。这些判决违背了正义的基本观念，目的只在于维护纳粹的非法统治（略）。"接下来的第二条规定："上一条中指出的有罪判决主要包括：一、民族法庭作出的判决；二、根据1945年2月15日的设置命令成立的速判法院作出的判决；三、根据附加的诸多规定作出的判决。"鲍曼等人原以为，第二条第三款的"附加的诸多规定"，也就是纳粹时期刑法和军法的五十九项相关规定中包含了逃跑/逃亡、拒服兵役、破坏国防力量。从司法部长在3月批准的政府草案中也确认了这一点。

但在司法委员会27日通过的最终法案中，仅有拒服兵役和破坏国防力量被纳入了不当罪名，逃跑（1940年10月出台的军法典第六十九条）、畏战（第八十五条）、擅自离队（第六十四条）不在其中。因此留下了审查的空间，即按照今日的法律规定逐一判断针对逃跑等行为的处罚判决是否合理。（联邦议院复印资料13/10848）

如鲍曼所言，这是"盖斯议员在背后使诈"吗？法案出台的第二天，即5月29日，全国性报纸《日报》以《不彻底的纳粹判决撤销》的大字标题进行了报道，下行小标题文字为"强制绝育命令无效/逃兵判决处置不明"。《日报》——报道了以下事实：联邦议院"决议"的第三条未被删除；盖斯议员表示，逐一审查逃兵案件后,"针对'出于政治性理由的逃跑'作出的判决可能会被视作不当";绿党的贝克议员则担忧《纳粹不当判决撤销法》会造成对逃兵复权问题的处置"更加不透明"。一次性补偿的具体措施也随之变得模糊不清。因为每一个补偿申请人都必须先接受案件审查,被授予盖斯所说的"无罪证明书"后,才能获得补偿。然而,军事法庭的判决本身就被质疑毫无根据,接受审查任务的地方法院检察官又该如何评判申请人是否符合条件呢?所以《日报》评论道,期望复权的众人"受到了更多的侮辱"。

事实上,《纳粹不当判决撤销法》出台后,没有一个人申请补偿。此时的鲍曼已七十六岁。为了复权,他将展开进一步的行动。

政权交替和迟到的《纳粹不当判决撤销法修正法案》

科尔内阁曾取得统一东西德的功绩,但在1998年9月27日的大选中,败给了在野的社民党。这是社民党时隔十六年后再次掌权(第十四个议会任期,1998年至2002年)。社民党选择与绿党联合执政。在此次大选共六百六十个议席中,社民党获二百九十个席位,联盟党获二百四十五席,绿党获四十七席,自由民主党获四十三席,民主社会主义党获三十六席。联合执政的社民党和绿党成为了拥有三百四十五个席位的多数派。10月27日,在格哈德·施罗德总理(1944—)(1998年至2005年在任)的带领下,"六八一代"的代表人物约施克·菲舍尔(1948—)从绿党入阁,成为副总理兼任外交部长,曾与鲍曼多次合作的格梅林也成为了司法部长。

终于,科尔政权的时代落幕,出现了对鲍曼等人有利的政治局面。"全国协会"已经活动了八年。鲍曼感慨万千,这一次无论如何也要实现夙愿。他马上向格梅林写信祝贺她出任司法部长。格梅林在回信中表示了感谢，并强调必将修改《纳粹不当判决撤销法》。她还介绍了社民党在10月20日与绿党共同达成的协定："恢复纳粹非法统治受害者的权利并改善他们的补偿待遇，是我们尚未完成的责任与义务。新一任联邦政府将为'被遗忘的纳粹非法统治受害者'设立联邦补偿基金，并为德国产业界也曾参与其中的'纳粹强制劳动'的受害者设立联邦基金以作补偿。向纳粹受害者支付抚恤金、保险金以及支援复权的过程中必将带来一定的财政支出，政府将通过制定现有法律的补充规定进行缓和。"在回信的最后，格梅林还就如何落实协定中的目标征询了鲍曼的意见。（《活动记录》）

媒体也报道了这份共同协定，并猜想新政府将着手修改9月1日正式生效的《纳粹不当判决撤销法》。各大媒体都对此翘首以盼，因为世人都知道，格梅林司法部长这十年来都力求全面撤销针对逃兵的判决。

然而，针对全面撤销判决的审议却迟迟没有进展。长期关注鲍曼复权运动的日报《法兰克福评论报》在2000年7月6日的报道中，以《时间不断流逝，国防军逃兵无人问津——明确许诺复权的共同协定至今未取得任何成果》的标题介绍了这段时间的大致经过。

政府原本许诺，要为纳粹受害者制定"现有法律的补充规定"。但这件事迟迟没有进展，鲍曼等人只得继续等待。在新政府上台后的这几个月里，鲍曼和格梅林司法部长保持着联系。但司法部长除了安慰他、鼓励他怀抱希望之外，无法作出任何保证。不久之前，司法部曾告诉他，不要寄希望于"补充规定"。鲍曼等人对此并不吃惊，毕竟他们真正盼望的不是这个，而是全面复权。在绿党议员团中一直协助着鲍曼等人的金特·扎特霍夫告诉他们："我们已经催促了好多次，不明白司法部为何至今还没有提出修正法案。"在这等待中，时间不断流逝。"全国协会"的三十七名创始成员如今只剩下十一人还活着。（《活动记录》收录）

出席"7月20日密谋案"的追悼仪式

鲍曼等人还在继续等待着《纳粹不当判决撤销法》的修改。复权运动已持续了将近十年。虽说还没有实现最终的目标，但也取得了不小的成果。比如，可以出席每年在柏林的德国抵抗运动纪念馆中庭举办的"7月20日密谋案"牺牲者追悼仪式。这是过去完全不敢想象的待遇。鲍曼记述道："报纸上这样写道：'2000年7月20日周四，该追悼仪式第一次纪念在纳粹时代被判死刑的拒服兵役者和逃兵，人们献上了花圈。'我们也被允许出席追悼仪式。虽然没有受到公开的邀请，但联邦军也认可了。能在这样的场合追悼无名的拒服兵役者、逃兵，我心里十分感动。"（《自传》）

但同时，他们也看到了现实的另一面。鲍曼和同伴们的座位被安排在了最末尾，在仪式即将结束、大多数出席者都已离去时，他们才有机会上前献花。此外，虽然有出席者（联邦议院议长）在仪式致辞上赞扬"反纳粹抵抗运动奠定了德意志联邦共和国的基石"，也讲述了普通市民"通过各种方式发起的抵抗"，但对因违背良心而逃跑和拒服兵役的行为只字未提。依旧无人在意鲍曼等人的存在。

更难堪的是，"7月20日密谋案"牺牲者的遗孀和子孙同贵宾们一起坐在最前排，他们打量鲍曼一行人时，毫不掩饰轻蔑之意。鲍曼说道："他们的眼神仿佛在说，你们这群逃兵是懦夫，不是抵

抗者。'抵抗运动的英雄们'的儿子、孙子还拿过去的观念看待我们，让我心里很难受。"(《自传》)

有了这番经历，鲍曼等人更尽力地投入到了复权运动中。

民主社会主义党（左翼党）的支持

《撤销法》的修改为何迟迟不见进展，其中的原因不明。但是，随着德国联邦军加入在南斯拉夫社会主义联邦共和国解体过程中爆发的科索沃战争，鲍曼与绿党、社民党长期以来的蜜月关系的确出现了裂痕。新政权刚上台不久，科索沃纷争已日益激化。到第二年的1999年3月，作为北约军队的一员，德国联邦军空军也加入了空袭。这是二战后德国首次参战，引起了国内激烈的争论。根据媒体的报道，关于为何参战，绿党的菲舍尔外交部长声明这是为了防止"大屠杀"再次出现，国防部长鲁道夫·沙尔平（1947— ，社民党）则称是为了避免巴尔干半岛成为"第二个奥斯威辛"。

身为和平运动家的鲍曼坚决不认可德国的参战。他认为，这违反了国际法，况且德国没有受到联合国的委任，师出无名。参战也很有可能违反基本法中禁止侵略战争的规定。一旦出兵，还代表着德国人忘记了纳粹曾在塞尔维亚犯下最违反人道的战争罪。归根到底，科索沃纷争根本无法和大屠杀相提并论。

之后，出兵阿富汗成了政府新的重要课题（2002年1月，作为国际安全援助部队的一员）。此外，税制改革、退休金改革、废除核电等各方面的诸多议题都亟待解决，逃兵问题已不再是施罗德内阁关注的焦点。鲍曼依旧同格梅林司法部长保持着联系，但他得知，格梅林在内阁无力左右任何事。

于是，鲍曼最终放弃了与社民党及绿党的合作关系，他曾以为两党的联合执政必将带来一番作为。他决定,转而向民主社会主义党(2005年与原社民党最左翼成员组成的新党联合参加选举,2007年6月两党合并,改名为"左翼党")寻求支援。在联邦议院中,其他党派都对民主社会主义党敬而远之,该党几乎处于孤立的状态。鲍曼已无暇考虑这么做合不合适,他只想尽快实现复权的目标。过去,鲍曼等人在绿党的支援下开展议院内的游说活动时,民主社会主义党曾提出愿意助他们一臂之力。但当时的鲍曼并没有接受,因为其他议员团体都对源自东德统治政党(SED)的民主社会主义党心怀戒备,他担心与该党关系过密也许会对复权的活动不利。然而眼下情况有了变化,自己和同伴们又日渐衰老,剩下的时间已经不多了。

民主社会主义党马上答应了鲍曼的请求,议员们迅速行动起来,出了个奇招。2001年3月,民主社会主义党重新向联邦议院提交了《针对逃兵的纳粹不当判决撤销法案》的议案,其中的具体内容便是社民党在1998年3月提出的部分议案(法案)。这下,联合政府不得不作出了回应。

即便如此,直到第二年的2002年2月,联合执政党才提交了相关法案。实际上,从1999年年中到法案进入审议阶段,共花了两年半时间。在这期间,媒体也急切地等待事态的进展。2002年1月11日,日报《威悉河-克里尔》以《"'不充分的议会决定'——逃兵鲍曼苦等复权法案"》的大字标题,报道了"纳粹不当判决未被全面撤销,鲍曼等人成为第三帝国最后的受害者"。日报《不来梅通讯》也在1月27日评价"复权之战过于漫长"并详细报道了其中的经过。

第二次听证会

2002年2月末，联合执政党在全体会议上提交了《纳粹不当判决撤销法修正法案》，要求司法委员会再次审议。法案主要涉及两点：一、把委员会在1998年5月删除的"逃跑"等罪名重新纳入《撤销法》的适用范围，废除针对个人的逐一审查；二、追加男同性恋处罚规定（德国《刑法》第一百七十五条、第一百七十五a条第四项）受害者的相关复权条目（针对男同性恋的处罚规定直至1969年才失效，并且未纳入1998年出台的《纳粹不当判决撤销法》的适用范围）。也许对审议结果早有预期，2月一开始，各大报刊就相继报道纳粹不当判决将被全面撤销。

这股动向招来了联盟党盖斯议员的强烈反对。他在党报（2月1日）上批评"司法部长将犯下新错误"，3月，又在党报登出了自己在联邦议院首读时的发言，抨击全面撤销判决"将带来巨大的耻辱"。盖斯在发言中说道："一旦承认为了逃跑、不顾战友安危的逃兵是英雄，我们将犯下弥天大错。二战结束即将六十年，我们怎么能在此刻使父辈蒙羞？父亲们可从未逃跑，他们或是献出了生命，或是身负重伤，或是遭受了长期的俘虏生涯才得以回国。"（《活动记录》）

在反对声中，委员会的审议照常进行。4月24日，听证会再次召开。下文将根据"议事录"（第一百二十六号）大致介绍听证会的经过。

受邀的专家委员共七人，包括鲍曼、金特·克内贝尔（拒服兵役者福音主义援助协会事务局局长）、诺贝特·哈泽（萨克森追悼纪念馆馆长）、彼得·施泰因巴赫（抵抗运动纪念馆馆长）、曼弗雷德·布伦斯（原联邦最高法院检察官）、弗朗茨·赛德勒（原慕尼黑联邦军大学教授）和阿尔明·施泰因卡姆（慕尼黑联邦军大学国防法教授）。施泰因巴赫和诺贝特·哈泽仅提交了意见书，本人未出席。第二次听证会要求每位专家基于提交的资料、原则上在五分钟内完成发言，听证会的总时长被限制在两个小时内。布伦斯委员的出席主要是为了就男同性恋受害者的复权陈述意见。因此，包括仅提交了意见书的二人在内，超过半数的专家委员都是"全国协会"的支持者。

与上一次不同，第二次听证会的陈述和质询环节都井然有序，但支持方和反对方依然针锋相对。

第一个发言的是施泰因卡姆教授。他从法律的角度出发，不赞成扩大《纳粹不当判决撤销法》的适用范围，也反对逃兵的全面复权。接下来发言的是赛德勒，他的陈述内容如下。

"现在，国防军已经被打上了犯罪组织的烙印，连纽伦堡审判都没有做到这一步。其他国家可没这么看。国防军的内部秩序建立在将校的指挥权、军纪和刑事裁决权之上，这是基本的原则。这项原则同样适用于联邦军，应当受到我们的保护。为逃兵复权的举措只会破坏联邦军的根本。"

假如在上回听证会上发表这番无视国防军和联邦军的差异、对纳粹军法全盘接受的主张，也许还会有其他委员表示支持。但在这次，赛德勒马上遭到了布伦斯委员（公开承认自己同性恋的身份，并辞去了检察官的职务）的批评和反对。他首先谈到了同性恋遭受的不当判决。

同性恋群体本以为，《纳粹不当判决撤销法》会成为"公正而重要的法律"。结果，针对同性恋受害者的处罚规定被排除在不当法律条目之外，这让他们大失所望。惊喜的是，这次的修正法案重新纳入了这些规定。纳粹司法把同性恋群体视作严惩对象，践踏了正义的基本原则。受害者（专家认为超过五万人）被送进了监狱和集中营，饱受非人的迫害。受害者的复权是人的基本权利，能否复权关乎人权问题。

布伦斯接着澄清道，逃兵的境遇的确不是自己研究的领域，但作为一名法学家，自己实在是惊讶于赛德勒这番"不可思议的发言"。他说道：

> 今天，全国上下第一次认可了希特勒发动犯罪性战争这个事实，前总理科尔也反复重申了这一点。德国人本不应该参加这样的战争。因此，即使逃兵在战时擅自脱离了国防军，也应当受到公正合宜的对待。我实在无法理解，这么做怎么会伤害联邦军的声誉？联邦军既没有参与犯罪性战争，也没这个打算。我们认为，一个奉行民主的军队，首先应当做到不强制士兵服从犯罪性命令。

逃跑不代表软弱

克内贝尔、施泰因巴赫、哈泽再次主张全面撤销纳粹司法对逃兵的判决。哈泽特别强调，检察官根本无法根据"只剩下笔痕的资料"逐一进行审查，对申请补偿的逃兵来说更是徒增屈辱。施泰因巴赫也指出，逃跑有各式各样的理由，逐一审查毫无意义。克内贝尔在发言时强调了"逃兵"的勇气。值得注目的是，施泰因巴赫也否定了"逃跑代表着软弱"这种说法。他在意见书中写道：

> 在二战中，使德国士兵陷入险境的，不是逃兵，而是厚颜无耻的作战指挥。全面撤销的反对者再三强调，逃兵弃守日渐崩溃的前线造成了重大的军事影响。这种说法太不公平。时至今日，我们应该向这群为了反对犯罪性战争

不顾生死的逃兵表示敬意。逃跑不是因为懦弱，而是深思熟虑的结果，不应该把逃跑和没有担当、背叛战友画上等号。逃跑所需要的正是责任心和勇气。

鲍曼的发言

鲍曼是最后一个发言的委员。他的发言很长，但委员长默许了。想必鲍曼作为纳粹军事司法的知情者，希望把全部的所思所想都传达出来。

他从和库尔特·奥尔登堡一同逃跑而被判死刑谈起，谈到了审问时的严刑拷打、军事惩戒集中营中的苦痛经历和战后的悲惨境遇。与之相对，军事司法官在战后节节高升。他还谈到超过百分之九十的逃兵都没有弃守前线，而是在返乡、养病和休假时，不想再回到那个充斥着蹂躏和杀戮的世界才选择了逃跑。关键在于，只要前线还没有崩溃，纳粹就会继续在后方残杀无辜的人。如果在二战中，大量德国士兵齐齐抵制战争，那几百万市民和士兵就不必丧命。鲍曼呼吁所有人深入讨论这样的假设。换句话说，传统的"服从崇拜"（扬·科尔特）酿成了最恶劣、最悲惨的事态，这值得所有人反思。

鲍曼接着提出，应当同时撤销针对"战时反叛"的判决。他以一个简单明了的问题陈述了这个要求："在纳粹德国发起的这场灭绝性战争中，宣判反抗战争的人有罪，到底有什么意义呢？"从全面撤销纳粹司法不当判决的出发点来看，提出这样的疑问顺理成章。但此次听证会没有再向前推进，止步于此。

《纳粹不当判决撤销法修正法案》的出台

在质询环节，盖斯议员不断向赛德勒和施泰因卡姆提问，试图引起其他议员的关注。但赛德勒的发言不仅没有说服力，还饱受议员的批评。议员们的提问都集中在布伦斯委员和鲍曼身上，并对他们的问答频频点头。议员中仅有少数人支持逐一审查、反对逃兵的复权。之后，司法委员会也按原样采纳了修正法案，提交至了全体会议。

最终，2002年5月17日，在社民党、绿党、民主社会主义党议员的多数赞成票下，德国联邦议院全体会议通过了《纳粹不当判决撤销法修正法案》。7月27日起正式实施。鲍曼等人这十二年来为了实现国防军逃兵的复权而在议院作的斗争终于有了结果。但逃兵的补偿问题依然悬而未决。此时，只剩下一百五十名垂垂老矣的逃兵尚在人间。"全国协会"的创始成员也仅剩下六人，友人斯特凡·汉佩尔、协助鲍曼开展活动的副会长路易丝·吕尔斯都已离世。

喜悦、悲痛、愤怒

修正法案的通过引发了媒体的热烈反响，各大报刊纷纷进行了报道：《联邦议院向纳粹逃兵表示敬意》(《日报》)、《逃兵将恢复权利》(《法兰克福评论报》)、《为时已晚的逃兵补偿》(《柏林报》)等等。鲍曼写道："我们不再是有前科的人了。内心终于得到了解放，从曾被定罪的耻辱、屈辱中解放。……至今为止，我所作的斗争都是为了尊严，今天终于重获了尊严。"(《自传》)

这喜悦中也夹杂着悲痛和愤怒。因为从死囚单独关押的牢房、军队的惩戒集中营、惩戒部队的折磨中幸存下来的少数逃兵，大部分已在侮辱和蔑视中死去，没能赶上判决被撤销。不只鲍曼一个人产生了这种复杂的情感。《中部德国报》(6月4日)刊登了标题为

第四章 | 恢复权利的逃兵

《即便如此,屈辱感也没有消散》的署名文章。

> 海因茨·席姆克1920年出生于波罗的海港口城市但泽(现为波兰的格但斯克),现年八十一岁。战争一开始,作为码头工人的他就被征召入伍,派到了丹麦。上级军官在德国国内还经营着餐厅,他命令士兵把军队的粮食偷运至军官的住所。席姆克对此表示了抗议,结果被其他人孤立,备受欺辱。于是席姆克决定逃跑,躲进了当地的犹太人家中。然而,他和这家人一起遭到了逮捕,席姆克被判死刑。先被送进埃斯特韦根军事惩戒集中营,又被移交至托尔高军事监狱,接着被编入了惩戒部队,派至东部战线。席姆克的右脚受了重伤,但还是活了下来。战后,居住在易北河边的东德城市马格德堡。由于逃兵的身份,在东德时代也没有被承认为纳粹受害者而获得补偿,生活困顿。虽然结了婚,有了妻儿,但每晚都会梦见自己被押赴刑场。他至今没有能摆脱这种噩梦的折磨。得知鲍曼"全国协会"的活动后,就让年近四十的儿子代替走路不便又体弱多病的自己前去参加。《纳粹不当判决撤销法》出台后,"针对逃兵的档案记录逐一审查"的条件让他深感不快,所以没有申请补偿。这一次的修正法案通过后,逃兵是否能获得补偿还是未知数。席姆克说道:"补偿与否我都已经不在意了。重要的是,法律终于承认,一遍又一遍发生在我身上的遭遇是不公的。尽管长期以来受到的耻辱依然挥散不去。"
>
> (《活动记录》)

这与鲍曼的想法是一致的,想必所有尚在人间的一百十五名逃兵都同海因茨·席姆克有着相似的感受。

常年向"全国协会"提供经济支援的扬·雷姆茨玛告知鲍曼,由于修正法案已经出台,"汉堡财团"今后将不再出资。这是协会成立伊始就达成的约定。但对于鲍曼等人来说,复权运动不能就此结束,鲍曼提出的"战时反叛"的问题还没有得到回答。这关乎着亡友约翰·卢卡舍维茨的声誉。卢卡舍维茨因"不汇报、不告发战时反叛行为"而被处死。正是因为不愿让他白白死去，鲍曼才终于重返社会，把反战和平运动视作下半生的目标。只有把"战时反叛"这条罪名也纳入纳粹军事司法的不当判决撤销法的适用范围，才能实现友人的复权，鲍曼的行动才能画上句号。事实上，实现这个目标又花了七年时间。本书的最后一小节将就此展开。

4　鲍曼最后的斗争——调查研究书《最后的禁忌》

复权运动的持续展开和战时反叛罪

《纳粹不当判决撤销法修正法案》出台后，2002年11月23日（周六），"全国协会"在不来梅的舍纳贝克举办了年度会议。协会现有五十六名成员，此外还有麦瑟史密特等学术顾问。十二名成员出席了此次会议，伊姆加德·吉娜也在其中，她自七年前加入协会后从未缺席年度会议。她的亡父便是裁决了卢卡舍维茨的国家军事法庭高官维尔纳·吕本，但这没有让在场的任何人感到不安。

年度会议的前一天，鲍曼还在自2001年秋天起再次巡回展出的"国防军犯罪展"上发表了演讲，晚上匆匆搭夜行列车从慕尼黑返回。演讲的题目是《反抗纳粹的逃跑是和平的希望》。虽然行程匆忙，鲍曼依旧精神奕奕地完成了年度会议的开场致辞，也没有掩饰对修正法案把战时反叛罪排除在外的不满。于是，会议围绕今后将如何解决这个问题展开了讨论。

鲍曼向学术顾问们提出了询问，为何不管是1998年《纳粹不当判决撤销法》，还是此次的修正法案，都把战时反叛罪的受害者排除在全面复权的对象之外呢？现代史学家兼新闻记者罗尔夫·祖尔曼回答道："这意味着，关于复权的法律举措至今依然不够完备。今后还需继续精进研究成果，拿出足以推翻战时反叛罪合法性的论据。"换句话说，为了让联邦议院承认战时反叛是不当罪名，顾问会必须撰写专业性文章，揭露纳粹相关判决的历史事实。

于是，在沃尔弗拉姆·韦特的主持下，顾问会成立了专项研究小组。韦特原是军事史研究所的所员，现已升任弗莱堡大学的现代史教授（1991年通过教授备选资格考试后成为私人讲师，1998年升任编外教授）。韦特出生于1940年，拥有十分出色的履历。从文理高中毕业后加入了联邦军，曾在陆军通信部队任职六年（最终军衔为预备役大尉）。退役后进入慕尼黑大学深造，专攻"和平研究"领域，取得博士学位后在麦瑟史密特门下研究军事史。后文将提到的调查研究书《最后的禁忌——纳粹军事司法和"战时反叛"》便是二人共同的研究成果。

在此需要对关键的"战时反叛"做补充说明。第一章曾提到，在纳粹军法中，"战时反叛"指"在战场上叛国"，被理解为"对国家和将士不利却有利于敌军的行为"。但其中的具体意涵模糊不清，因此军事法庭才能肆意扩大惩治范围。在2002年的修正法案出台时，针对这一罪名的判决详情尚不明晰。因此在联合执政党2月20日提交的"提案理由"中，"战时反叛"与"掠夺他人财产"和"毁坏尸体"等一般性罪行同列，未经检察官的逐一审查，获此罪名的人无法复权。（联邦议院复印资料14/8276）

正是因为知道这样的安排，鲍曼才会在听证会上以灭绝性战争的视角质问战时反叛罪的意义并要求撤销相关判决。支持鲍曼的民主社会主义党也在司法委员会上主张把战时反叛罪纳入纳粹不当罪名中，并在全体会议上提议撤销相关判决，但没有得到声援。

修正法案出台后，施罗德联合政权内已无人再商议如何处置战时反叛罪。执政党为了避免同在野党发生冲突，以修正法案的出台给纳粹不当判决这个议题画上了句号。这也与当时的政治走向有关。

在2002年9月的大选中，施罗德联合政权险胜联盟党（第十五个议会任期，2002年至2005年），而鲍曼等人倚仗的民主社会主义党从三十六个席位跌至两个席位。此外，同鲍曼保持着信任关系的格梅林辞任司法部长，代替她的是施罗德担任下萨克森州州长期间的心腹布里吉特·齐普里斯（1953—　）。齐普里斯在2005年至2009年，即默克尔总理的第一个任期留任司法部长。这位新任司法部长也并不考虑再次修改撤销法案。

"全国协会"继续展开活动

眼下，联邦议院、联邦政府内几乎已无人声援"全国协会"。上文提到的年度会议讨论了在这样的新形势下，今后将如何开展活动。要实现复权的立法，只能静待时机到来。当前最为重要的课题是"继续精进研究成果"，但这同样需要足够多的时间。话虽如此，"全国协会"在这期间也并不是无所作为。

由鲍曼牵头，"全国协会"自2001年起就开展了各式各样的追悼活动，比如在布痕瓦尔德集中营遗址为纳粹不当判决的受害者设立纪念碑，并计划在萨克森州的托尔高建立纪念像，大量军事司法的受害者葬身于此。社会转眼就会把复权的受害者和纳粹的过去抛诸脑后，因此必须明示历史，使人们产生无法磨灭的记忆。犹太人聚居地前的石子路上，铺着许多名为"绊脚石"的黄铜板，这是为了提醒后人勿忘犹太人被强行逮捕而牺牲的事实。在"全国协会"活动的影响下，纪念逃兵的黄铜板也被安放进了其中。

另一方面,"全国协会"与"勿忘历史守卫民主协会"保持着合作关系。这个由政治家福格尔创建的社团法人发展成了具有相当影响力的团体,现有两千名成员,在德国各地有三十个活动支部。2003年,协会代表由约阿希姆·高克(1940—)(2012年至2017年担任联邦总统)接任。在东德时代,他原是罗斯托克市的德国福音教会牧师,后因支援市民运动而与绿党结缘,关系紧密。除福格尔外,高克也是"全国协会"在联邦议院外的重要支持者。

同时,鲍曼自己也访问了多家学校,为不来梅和汉堡的青少年讲述战争的真相。当时,新纳粹主义组织的街头游行和暴力行为在各地肆虐。许多学校对这样的事态感到惧怕,因而邀请鲍曼来校演讲。鲍曼自己也认为应当警惕"老老少少的极右分子行事越来越肆无忌惮"。根据日报《柏林报》(2002年11月15日)的报道,鲍曼来到新纳粹主义运动猖獗的勃兰登堡州哈尔伯地区,接连数日以战争为主题给学生们上补习课。

修正法案出台三年后,事情迎来了转机。2005年9月,联邦议院大选提前一年召开,联盟党(二百二十六个席位)以微弱优势击败社民党(二百二十二个席位)。这两大政党的联合执政诞生了德国历史上第一位女性总理安格拉·默克尔(1954—),新一届内阁上台(第十六个议会任期,2005年至2009年)。默克尔来自东德(出生于汉堡,因父亲霍斯特·卡斯纳赶赴东德出任福音教会牧师而举家移居东德),是基督教民主联盟的主席。而社民党前主席奥斯卡·拉方丹(1943—)因不满施罗德前内阁的新自由主义路线而带领党内左翼成员退党,和民主社会主义党结成了"左翼党"。这对鲍曼等人十分有利。在此次大选中,这个联合政党跻升至第四大党（五十四个席位），仅次于自由民主党。由此，联邦议院内也出现了支援"全国协会"的议员团体。失去联合执政权的绿党也获得了五十一个席位。福尔克尔·贝克曾协助过鲍曼，在他的协调下，"全国协会"和绿党恢复了合作关系。贝克议员现已是联邦议院的骨干议员（元老委员会成员），参与组织议院的年度活动计划和日常运营。

《最后的禁忌》的中期报告和政府的回答

在大选结束之前，"全国协会"已接连收到了多条喜讯。2005年6月初，凝结了麦瑟史密特多年研究成果的著作《国防军司法1933—1945》（全五百一十一页）正式出版。著名的大屠杀研究者格茨·阿利在9月29日发行的《时代周报》上盛赞这是"完美的杰作"，次年6月23日，《法兰克福汇报》更评价此书为"学术书籍的标杆"。虽说在此之前已迅速累积了不少针对纳粹军事司法的研究，但随着这本被认可为权威的研究著作面世，复权运动才终于获得了全面的学术支持。此外，韦特等人组成的"战时反叛"专项研究小组也将在 2006 年 3 月发表中期报告。

2005 年 12 月，鲍曼向左翼党的新人联邦议员扬·科尔特（1977— ）写信寻求支援。科尔特被评价为"不

司法委员会代理委员扬·科尔特（图片来自联邦议院司法委员会成员名单一览网络存档）

拘泥于教条的议员"(《明镜》),原本是绿党内的积极分子,后因当时的外交部长菲舍尔等党内领导人支持联邦军参与科索沃战争而感到失望,于是转投左翼党。科尔特在大学时代曾以历史政策和纳粹司法受害者的复权为研究课题,他很快同鲍曼建立了互信关系,从此二人合作紧密。之后,科尔特议员为立法撤销"战时反叛罪"提供了巨大的帮助。他也是司法委员会的代理委员。

2006年,科尔特等左翼党议员在同鲍曼的密切联络下,向政府提出了关于撤销战时反叛罪判决的质询,要求政府作出回应。对此,政府在6月15日发表了回应。在此之前,韦特等人的调查研究小组也向司法部提交了中期报告(3月29日)。政府的回应大致如下。

战时反叛的行为向来被定性为"暴力犯罪"。如今,这样的观点已毫无事实根据。3月31日,司法部长齐普里斯收到了"全国协会"的代表鲍曼先生的请求信,信中希望部长重新商议全面撤销判决结果的可能性。对此,司法部长在4月25日作出了回应。她认为,2002年的修正法案依然有效,其次,"战时反叛往往伴随着各种程度的非法行为(包括使其他多数士兵陷入险境——对马)。即使战时反叛发生在违反国际法的侵略战争中,政府也无法全面撤销针对这一行为的判决结果"。在各位议员提交的质询中,司法部长的此番回答受到了多个角度的批评。

一直以来,"7月20日密谋案"的参与者被视为同"战时反叛者"有着天壤之别。人们认为,虽然"7月20日密谋案"中的将领们参与了灭绝性战争,但他们试图在不破坏德国防御力量的前提下提早结束战争,因而是"德国军人的模范"。但"战时反叛者"依然被看作"罪犯",因为他们直接加入了游击队和民间反抗组织等"敌人"的行动队伍。

韦特教授带领的专项研究小组提交的中期报告中明确

指出，绝大多数战时反叛者的动机与道德、伦理和政治理念有关。因此，把"战时反叛"与"掠夺他人财产""毁坏尸体"等一般性犯罪混为一谈，是毫无根据的。

政府内部还没有形成对战时反叛的共识。我们知道，麦瑟史密特教授最近出版的研究著作中也谈到了战时反叛。但现阶段，还无法对纳粹德国灭绝性战争中的反叛行为一概而论，只能就具体的个别案件表达我们的看法。

（联邦议院复印资料 16/1849）

从中可以看出，政府依然遵循 2002 年的修正法案，对撤销判决持逐一审查的态度。但同时，也期待着韦特的专项研究小组能取得成果。

科尔特议员为核心的左翼党议员团体继续观望着政府的态度，同时在 2006 年 9 月 19 日向联邦议院提议再次修改《纳粹不当判决撤销法》，并提交了《纳粹不当判决撤销法第二次修正法案》。法案中提出，战时反叛是对纳粹德国发动的侵略性、灭绝性战争的抵抗和反叛，（着重援引了韦特领导的研究小组的中期报告）战时反叛者的动机基于道德和政治理念。因此，应当废除纳粹军法中关于战时反叛的第五十七、第五十九和第六十条规定，并全面撤销基于这几条规定作出的判决。（联邦议院复印资料 16/3139）

其他党派对左翼党的攻击

左翼党的此项议案从一开始就遭到多方反对，迟迟无法进入审议阶段。科尔特的协助者、左翼党中处理议会事务的专家多米尼克·海利希（1978—2017）说道，不仅联合执政的联盟党和社民党不满这项议案，在野的自由民主党也表示了拒绝，左翼党提交的议案文书根本没有被仔细阅读。在讨论议事日程的元老委员会上，统领右翼议员团体的盖斯议员带头煽动其他议员的不满情绪:"二战都过去六十年了,怎么还在提全面撤销的事,为什么不能保持现状呢?"但即使没有盖斯的这番言论,除了绿党,其他党派的议员也同样会反对这项议案。实际上,左翼党在联邦议院内提出任何议案都会招致其他党派的强烈不满。

直至 2007 年 5 月 1 日,全体会议才大致讨论了这项议案。盖斯议员再次发表中伤言论:"战时反叛者往往通过犯罪手段使战友身处险境,向敌人递送情报,甚至不惜残害战友。"社民党、自由民主党的议员也纷纷表示了对议案的不满。只有绿党的福尔克尔·贝克议员赞许了科尔特议员的提案发言,并援引"韦特揭露战时反叛历史事实的最新研究成果",发表了支持议案的演说。根据规定,议案提交至了司法委员会。(《联邦议院全体会议议事录》16/97、科尔特、海利希编《战时反叛》收录)

《最后的禁忌》的出版和主要内容

下面将介绍贝克议员提到的"最新研究成果"。2007 年 7 月初,沃尔弗拉姆·韦特和德特勒夫·福格尔编写的《最后的禁忌——纳粹军事司法和"战时反叛"》由柏林的奥夫堡出版社出版,凝结了韦特等学术顾问的专项研究成果,全书共五百七十页。这本书很快被送到了上下院议员、教会代表和各大媒体的手中。麦瑟史密特时时刻刻忧虑着议案的审议毫无进展,他在"序文"的开头直言"这本资料文集是对立法者的呼吁",接着批评议员们一言一行都以党的利益和选举结果为优先,致使复权问题迟迟得不到解决。

这本研究报告集采用了极具冲击力的书名《最后的禁忌》,揭露了关于"战时反叛"鲜为人知的历史事实。全书由三十九份判决文书（其中包含五份起诉书）、其他记录文书以及韦特等学者的分析报告组成。主要内容包含以下三大类。

第一，《德意志帝国军法典》（1872 年）作出了有关"战时反叛"这一罪名的具体规定。但在希特勒独裁体制下，"战时反叛"的含义已完全不同，长期以来构成这一罪名的具体要件也被全部省略，仅剩下简单的一句话：基于刑法第九十一条 b（战时，对发生在国内外的通敌行为处重刑），战场上的叛国者以战时反叛罪处死刑（1940 年 10 月 10 日出台的《军法典》，第五十七条）。当时，埃里克·施温格所著的条文解说书被军事司法官们奉为圭臬。根据书中的解释，和平主义者被定性为战时反叛者，苏德开战后，对布尔什维克主义的任何援助都被视作战时反叛。因此，任何共产主义式的思考以及同苏军俘虏的接触都会受到惩罚。此外，由于条文的具体含义模糊不清，滥用法律的事例层出不穷，军事司法官手持"名为法律的利剑"严厉惩罚各式各样的越轨和反抗行为。

第二，军事司法官以"双重标准"处置战时反叛者。出身平民的士兵一旦反抗，就会被处以极刑，而将校只会受到轻微的处罚或者安然无事。以下就是一个典型例子。国家军事法庭曾逮捕了约三百名将校，他们在苏德战争中向苏军投降，之后加入"自由德国国民委员会"和"德意志将校同盟"，参与了打倒希特勒的行动。国家军事法庭以涉嫌战时反叛为由进行了搜查，但最终并没有起诉这些将校（唯恐此事公开后引起军队内的动乱）。为首的冯·赛德利茨-库尔茨巴赫将军在缺席审判中被判死刑，1956 年，下萨克森州费尔登的地方法院撤销了此项判决。

但第二一六突击战车大队的年轻士兵们被认定响应了冯·赛德利茨-库尔茨巴赫等将军的行动，他们中的大多数被处死，甚至并没有参与其中的上等兵约翰·卢卡舍维茨也因没有上报此事而遭到定罪。直至今日，这样荒唐的判决依然有效。

第三，我们首先在弗莱堡的联邦文书和军事资料馆翻阅了馆内保存的三军军事法庭判决记录，但并没有发现与战时反叛相关的案件。于是，考虑到战时反叛的案件通常由国家军事法庭受理，我们又仔细查看了国家军事法庭的判决记录，从中抽取了三十九例相关案件。共有六十八人因战时反叛而获罪，他们的行为五花八门，包括①政治性抵抗、②反纳粹情绪、③与受迫害的犹太人来往、④救助俘虏、⑤加入游击队、⑥在黑市从事非法行为等。

根据以上的分类，六十八人中似乎只有二十七名积极的政治性抵抗者，包括舒尔策-博伊森和阿尔维特·哈纳克等十二名"红色交响乐团"的领导者。十九人在违法时并没有强烈地意识到这与反抗纳粹的关系。剩下的二十二人本就对反纳粹缺乏认识（即使他们对不敬罪和叛国罪有所了解，但对战时反叛意味着什么、伴随着何种威胁性的处罚，一无所知。），但他们中的大多数之所以铤而走险触犯法律，是因为痛恨这场战争，是为了违抗上级假公济私的行动和命令，或是为了善待俘虏，救助受迫害的犹太人。还有人逃跑后向游击队投降或是加入了其中（作为参考，书中还提到了逃兵斯特凡·汉佩尔的经历）。

以下是一个救助犹太人的真实事例。1944年5月3日，两名士兵把十三名犹太人藏匿在军队的卡车里，试图带他们从匈牙利逃往罗马尼亚，仅收取了一帕戈（匈牙利货币单位）作为报酬（这几乎等同于无偿），但最终在出境盘查时被逮捕。坐在副驾驶座的士兵本可以抛下战友逃走，但他并没有那么做。5月9日，这两名士兵被宣判死刑。身为审判官的陆军总司令官下达了即刻行刑的指令，并向全军通报二人"偷运犹太人"的非法行为。

韦特总结道,战时反叛这样的描述容易让人联想到"泄露军队机密等背信弃义的行为",但实际上,大多数案例的动机只是出于政治理念、道德观和伦理观。这样的事实从司法官们的记述中也能读出一二,即使他们一味地把战时反叛者当作罪犯。客观来说,这些战时反叛者从未考虑过做出"不顾其他多数士兵生死的行为",从记录文书中也看不出这样的迹象。(《最后的禁忌——纳粹军事司法和"战时反叛"》、韦特《荣誉——属于谁?》)

《最后的禁忌》的影响

除了正式版本,"联邦政治教育中心"(以对纳粹时代的反省为出发点、推进民主教育的机构,由内务部管辖)还赶在 2007 年内出版了平价版。该中心主要出版受到广泛阅读、各界一致推荐的书籍,可见该书反响巨大。6 月 9 日,也就是本书出版的一个月前,编者韦特已在科隆的德国福音教会信徒大会上介绍了此书,也谈到了联邦议院迟迟不推进审议。

6 月 21 日,为了配合该书的出版,鲍曼和麦瑟史密特在社民党前党首福格尔的积极协助下,从柏林开始了移动展示会"'当时是合法的……'——被国防军军事法庭裁决的士兵和市民"的巡回展出(途经科隆、不来梅、慕尼黑、弗莱堡和基尔,直至 2009 年 1 月结束)。

司法部长齐普里斯出席了柏林的展出。在党内德高望重的前辈福格尔、鲍曼和麦瑟史密特面前,她致辞道:"纳粹司法是迫害政敌的武器,军事司法则成了无限延长犯罪性侵略战争的工具。(中略)我认为,我们应当以此次出版的调查研究书为契机,重新讨论是否应当全面撤销针对战时反叛的有罪判决。"

手中拿着《最后的禁忌》的麦瑟史密特（左）、鲍曼（中）、福格尔（2007年拍摄于柏林的德国剧场）(»Was damals Recht war… «)

过去，司法部长齐普里斯并不支持再次修改法案。但她在此刻的发言不仅仅是口头承诺。因为在阅读完这本书后，她转变了看法，决定积极推进法案的再次修改。有了司法部长的这番发言，再加上移动展示会的召开，媒体也十分关注战时反叛能否被撤销，进行了大量的报道。

面对这些新动向，联邦议院的司法委员会将作何反应呢？向联邦议员一一寄送《最后的禁忌》后，麦瑟史密特迫不及待地盼望着这本书在法案审议中发挥作用。然而事情的发展绝没有这么顺利。虽然左翼党多番催促，但多数派议员团体不愿意配合，法案的审议被不断地延后。后文将详细介绍其中的经过。一番波折后，委员会审议原定于 11 月 7 日召开，事实上又延后到了一周后的 11 月 14 日。会上仅决议通过了于 2008 年 5 月 5 日召开听证会。在这半年间，法案的审议被搁置在了一旁。

虽然审议迟迟没有进展，科尔特议员（法案提案者）的协助者海利希几乎每周都会向鲍曼传达委员会的状况。2006 年 9 月，左翼党提出法案，直到 2009 年 9 月，法案才最终通过。鲍曼、科尔特和海利希足足等待了三年。在此期间，鲍曼和学术顾问们向联邦议院申诉的唯一的、最后的机会便是这场听证会。

最后的听证会

随着调查研究书《最后的禁忌》的出版，战时反叛问题已广为人知。此次听证会也围绕这个问题展开。包含鲍曼在内，共有七名专家委员出席。根据海利希的介绍，社民党推荐了鲍曼（鲍曼原先由左翼党推荐）、麦瑟史密特和韦特，绿党推荐了原不伦瑞克高级

作为专家委员出席听证会的韦特和克雷默［W. Wette(Hg.) ： Recht ist, was den Waffen nützt, 2004］

地方法院法官赫尔穆特·克雷默，联盟党（盖斯议员的推荐）邀请了波茨坦联邦军军事史研究所（前身为弗莱堡军事史研究所）研究部长兼柏林洪堡大学名誉教授罗尔夫-迪特尔·穆勒（1948— ）。推荐剩下两名委员的党派不详，他们分别是美茵茨大学历史学教授宋克·奈策尔和哈姆高级地方法院检察长斯特凡·贝纳。

从鲍曼开始，委员们按照提交的资料开始了限时十分钟的陈述。鲍曼的发言大致如下。

> 直至最近，不管是联邦议院还是联邦政府，都把"战时反叛"同"掠夺他人财产"和"毁坏尸体"等一般性犯罪相提并论。此次出版的调查研究书表明，战时反叛者从未协助纳粹，大多数人的行为动机出于政治理念和伦理观。但他们至今仍然为世人所不耻。"7月20日密谋案"的参与者因反叛罪而被裁决，但在今天，如果有人称他们为罪犯，必定会引起轩然大波。希望人们能意识到，战时反叛者和他们一样，都是为了别人、为了同胞才采取了行动（鲍曼之所以这么说，是因为在"德国抵抗运动纪念馆"的追悼仪式上遭受的区别对待伤害了他的自尊心）。战时反叛的行为是为了反对战争、追求和平。那些反对撤销判决的人，口口声声说战时反叛者置战友的生命于不顾，其实是他们自己至今不愿同纳粹过去的统治和纳粹犯下的罪行划清界限。
>
> （"听证会议事录"九十八号）

虽然还没有提起亡友卢卡舍维茨的名字，但鲍曼本以为，此次的调查研究书已充分揭露了针对战时反叛的不当判决。麦瑟史密特和参与调查研究的赫尔穆特·克雷默也基于这样的立场，强调了废除战时反叛相关规定的必要性。然而，军事史研究所的穆勒教授发表了完全相反的观点。他与麦瑟史密特和韦特是旧相识。就职于联邦军军事史研究所时,麦瑟史密特曾成立了专项研究小组"德国与第二次世界大战",穆勒也参与其中,并最终成为组内核心成员。2008年,研究小组推出了同名系列丛书,全十卷中的最终卷由穆勒撰写。因此,穆勒对自己的学术能力有着十足的信心。

在听证会上,穆勒毫不掩饰这份自负,大肆批评了韦特的研究,并声称:"这群反叛者泄露了军队的机密,犯下了种种罪行,尤其是掠夺他人财产和强奸,这一切都是板上钉钉的事实。"针对韦特等人的调查报告,他批评道:"从军事史的角度来看,我无法从这份对战时反叛的研究中发现任何新的学术见解。韦特教授在书中列举的都是特殊案例,与普遍情况不符。一旦全面撤销判决,不就把应当复权的受害者和罪犯混为一谈了吗?我在提交的资料中列举了好几个不应当被复权的案例。比如,'福伊希廷格尔案件',尽管这个例子有些极端。由于韦特的书中从未提到此人,所以我将在此重述这个案件。要是把这位纳粹将军(中将)也当作抵抗者,恢复他的名誉,那可真是天大的丑闻。"("听证会议事录"九十八号)

针对这样的质疑,最后发言的韦特详细说明了《最后的禁忌》一书的调查方法及其合理性,并以平民士兵的抵抗行动为例,重新论述了与穆勒相反的观点。之后的质询环节自然也集中在了韦特的研究是否客观可信这一问题上。

赫尔穆特·克雷默对穆勒的发言提出了质疑。穆勒提交的资料中写道:"将军埃德加·福伊希廷格尔(1894—1956)私吞了军车和车上的汽油,还擅离职守,与他的情妇、一名来自南美的舞女在德国各地旅游。甚至在写给情妇的信中,透露了自己在阿登战役中的任务以及其他军队机密。因此,1945年3月19日,国家军事法庭以战时反叛罪判处福伊希廷格尔死刑。"克雷默感到疑惑,国家军事法庭真的在即将停战前作出如此的判决吗?他要求穆勒展示判决文书的复印件,或者至少应该拿出相关文件。但穆勒只答了一句:"无可奉告。"这件事暂时告一段落。

原联邦最高法院法官、副委员长沃尔夫冈·内什科维奇(左翼党)主持了此次听证会。听证会的时常超过两个半小时,但始终未能就全面撤销还是逐一审查达成定论。除了原本应当主持听证会的委员长安德烈亚斯·施密特(基督教民主联盟)、司法委员会主要成员、联盟党司法部门负责人于尔根·格布和计划发表报告的原联盟党司法部门负责人盖斯统统没有出席听证会。其中的具体原因不详,但这样的局面实在是异常。

歪曲事实的发言

听证会结束后的 5 月 26 日,克雷默致信穆勒,再一次要求对方提供复印件。穆勒在回信中介绍了弗莱堡的联邦文书和军事资料馆。克雷默马上就福伊希廷格尔一案致信咨询。6 月 16 日,资料馆回复:"并没有这样的事实。福伊希廷格尔在 1945 年 1 月 26 日已退入预备军。"克雷默以这番回复严厉质问穆勒是否在听证会上造假。穆勒最终承认:"我知道的事都是从原国家军事法庭的法官 A. 布洛克博士那里听来的。"克雷默还发现,福伊希廷格尔(1894—1960,而非死于 1956 年)由于私自驾驶军队的汽车同情妇旅游,在 1945 年 2 月(而非 3 月)被国家军事法庭以破坏国防力量罪判处死刑,根本没有穆勒所说的因泄露机密而被判战时反叛。此外,福伊希廷格尔早已在《纳粹不当判决撤销法》出台后恢复了名誉。

10 月 16 日,克雷默向听证会的专家委员和司法委员会的全部成员写信传达了这样的事实(根据海利希的记述,穆勒的发言参考了美茵茨大学的教授宋克·奈策尔的著作）。然而,《明镜》杂志（8月18日）已一字不漏地报道了穆勒在听证会上讲述的"极端案例"。想必也是因为穆勒作为历史学家的权威身份,《明镜》才会听信了他的发言。于是,克雷默撰写了题为《以政治目的歪曲历史》的文章,讲述了整件事的经过,毫不留情地批评了穆勒的行为,发表在隔周发行的《奥西茨基》（11月15日）上,这是一本涉及政治、文化和经济等主题的杂志。全文内容大致如下：

> 为了抵制左翼党提出的全面撤销涉及战时反叛的诸多规定,反对派四处找寻在今天的尺度下依旧合理的判决。因为只要有一个足以反对全面撤销的案例,就可以在世人面前美化他们的主张,似乎果真不容置疑。穆勒正好提供了一个满足条件的判决案例。换句话说,穆勒为了蒙骗司法委员会,"捏造"了福伊希廷格尔将军的判决。既然行为不检的将军都已实现了复权,那又有什么理由继续把战时反叛罪的受害者搁置在一旁呢？此次造假暴露了穆勒极不严谨的治学态度。希望他能为了学生们,重新踏实地对待学术研究。

克雷默的信和以上的这番批判对司法委员会的全体成员都造成了不小的冲击。施密特委员长向来反对左翼党,但之后就穆勒一事向《明镜》杂志（2009年1月26日）表态时,他说道："专家的意见并不能自动反应'联盟党'的立场。"不管委员长如何粉饰事实,这场闹剧着实重创了盖斯议员等强硬派保守团体。因为谁都知道,穆勒的发言完全是为了附和他们的立场。

穆勒之所以失败,也是因为轻视了麦瑟史密特已在2005年出版的《国防军司法1933—1945》一书。本书的第一百二十九页至第一百三十四页集中介绍了"将军们受到的判决",其中清楚地记录着福伊希廷格尔将军被判破坏国防力量罪一案，且附有详细资料。（克雷默指出，因为穆勒避而不谈"军事司法残忍的历史事实"，所以上文提到的丛书虽然长达十卷，但没有一卷以军事司法为主题。）

这番风波后，联盟党无法再冠冕堂皇地反对全面撤销涉及战时反叛的诸多规定，但依旧试图阻止联邦议院通过任何由左翼党牵头发起的议案。因为这个诞生于社会主义国家的党派在各项政治主张上都与联盟党相背。联盟党故技重施，拉拢社民党的卡尔-克里斯蒂安·德雷塞尔和自由民主党一同拖延法案的审议。德雷塞尔是社民党司法部门的成员，也是党内的右翼，向来厌恶左翼党，在复权问题上主张逐一审查。根据施密特委员长关于法案审议的报告书（2009年5月13日），听证会结束后，直至2009年5月6日，联邦议会共休会五次，每一次休会都是为了压制左翼党和绿党对延迟审议的抗议。（联邦议院复印资料16/13032）

法案受政客们摆布

司法委员会迟迟不推进法案的审议，自然惹来了非议。多家媒体都强烈抨击了联邦议院的做法。

比如，全国性报纸《南德报》电子版（2008年5月6日）以《鲍曼最后的战斗》为标题，刊登了长篇批判性报道。文中以如今已成为战时反叛者代表的上等兵卢卡舍维茨为例，抨击了政治家和联邦议院长期以来阻挠受害者复权，并把基督教社会联盟的诺贝特·盖斯和齐普里斯司法部长列为了其中的中心人物（《活动记录》）。但实际上，齐普里斯司法部长早已转而支持全面废除战时反叛罪，她的积极态度还惹恼了一味拖延审议的司法委员会。连社民党议员也对她颇为不满，理由无非是不愿与联合执政的联盟党之间产生摩擦。

根据上文提到的《明镜》杂志在 2009 年 1 月 26 日的报道，齐普里斯司法部长曾向科尔特议员提议"撤下左翼党的议案，让联合政府再单独提案"。科尔特转达给左翼党议员团团长（各党派在议会内的领导人）居西后，他回复："如果由全党派共同提交新的复权议案，那我们可以接受。"但联盟党没有对此作出回应。

这样的胶着状态是如何被打破的呢？契机又是什么呢？海利希详细记录了联邦议院内的一举一动，下文将以他的记述介绍其中的关键时刻。

首先，自第三次听证会以来，年轻的社民党议员也渐渐明白联盟党坚持主张的逐一审查破绽百出。此外，在绿党和社民党中都声望卓著的约阿希姆·高克向司法委员会的全体成员致信，表达了对听证会的观感。这番举动影响巨大。高克在信中写道："在战后六十三年的今天，曾被军事司法以'战时反叛罪'处决的受害者以及少数尚在人间的家属，依然被世人看作罪犯和叛徒。恢复他们的名誉是我们的责任。"

于是，再没有人把盖斯和德雷塞尔的话当回事。社民党年轻的元老委员会成员、律师克里斯蒂娜·兰布雷希特（1956—　）与绿党议员、律师沃尔夫冈·维兰特（1948—　）和左翼党的科尔特取得联络，主持成立了专门讨论战时反叛问题的座谈会。这个座谈会开始为超党派的"集体法案"收集署名，完成了与左翼党议案的内容几乎一致的《纳粹不当判决撤销法第二次修正法案》（6 月 17 日）。共有一百七十一人为法案署名，排在首位的是科尔特，其次是兰布雷希特和维兰特，接下来还包括前司法部长多伊布勒-格梅林、绿党的福尔克尔·贝克、左翼党的居西和拉方丹，甚至还有自由民主党和联盟党的议员。（联邦议院复印资料 16/13405，科尔特/海利希编《战时反叛》2011 年收录）

接下来，联盟党内部也开始重新审视一直以来的立场。想必也是因为承受不住 EKD 评议会会长沃尔夫冈·胡贝尔（1942— ）的批评（"停止搁置历史清算中的最后的禁忌！"）以及舆论的抨击。原联邦宪法法院法官、基督教民主联盟的政治家汉斯·H. 克莱因（1936— ）在完成司法部的研究委托后，也向政府明确指出："纳粹军法典中关于战时反叛的条目与法治国家的诸多原则相违背。"这对瓦解联盟党的立场起到了决定性的作用。此刻的联盟党已无法再以左翼党是政敌为理由，继续无视法案。

联盟党的执行部门也改变了方针，迅速着手准备全面撤销的法案。盖斯等强硬派的主张遭到拒斥。此时的默克尔政权在党内的根基尚不稳固，但大选在即，必须顺应民意，尽快处理搁置已久的法案。

第十六个议会任期即将进入最后一周（6 月 29 日至 7 月 3 日），之后所有议员都将为大选奔波。特别议会将持续至 9 月 8 日，期间将迎来惯例的暑期休会。7 月 1 日，联合执政的联盟党和社民党向全体会议提交了法案，共同提案的自由民主党和绿党也留下了署名。在联盟党的强烈要求下，左翼党被除名。所以左翼党又单独提交了法案。

经过司法委员会的审议，8 月 26 日，联合政府的法案被提交至全体会议。左翼党的法案和"集体法案"暂时没有得到审议，但从具体内容上来看，三份法案几乎一致。外国特派员协会认为这项法案在德国战后史上具有划时代的意义，于是在这一天邀请鲍曼和科尔特就国防军、军事司法和战时反叛发表谈话。现场共有二十名来自日本等十三个国家的记者,鲍曼和科尔特一一回答了他们的提问。

2009年9月8日,也就是全体会议的最后一天。《纳粹不当判决撤销法第二次修正法案》终于在鲍曼的注目下进入了审议阶段。

联邦议院全体会议的决议

首先,如下文所示,法案的主旨简单明了。

> 基于军法典中关于战时反叛的第五十七、第五十九和第六十条规定作出的判决尚未被撤销。近年的研究《最后的禁忌——纳粹军事司法和"战时反叛"》一书阐明了撤销判决的必要性,克莱因教授在鉴定意见中也认可了本书的研究。因此,提议把涉及战时反叛的相关规定追加到纳粹不当判决撤销法的适用范围中。
>
> (联邦议院复印资料 16/13654;科尔特、海利希编《战时反叛》收录)

9月8日早上,鲍曼登上前往不来梅的电车,在中午前抵达了柏林。沐浴着温暖的日光,在一直以来密切联络的多米尼克·海利希的带领下,鲍曼进入了科尔特议员的办公室,在此等待全体会议的开始。临近下午5点,鲍曼站在会场门外,对着全体会议的旁听席,一动不动地等待会议进入第三个议题:法案审议。海利希讲述道:

> 鲍曼即将八十八岁。此时的他沉浸在回忆里。足足六十四年前,他幸存下来返回故乡汉堡。之后从绝望的人生中振作起来,经过多年的坚持终于等到了今天。此刻,他一定感慨万千。

《纳粹不当判决撤销法第二次修正法案》的审议正式开始。各个党派的议员依次发言。

第一位是社民党的德雷塞尔议员。他迅速转换了立场,盛赞司法委员决议通过了法案,打破了韦特教授在《最后的禁忌》中指出的"最后的禁忌"。接下来,自由民主党的议员马克斯·施塔德勒也强调,各党派终于在会议最后一天就这项悬置多年的议案达成一致,这也象征了法治国家的精神。联盟党的于尔根·格布代替盖斯上台,他极力声明,此次的法案由联盟党、社民党和自由民主党共同主导,与左翼党无关。

在左翼党、社民党和绿党热烈的掌声中,科尔特议员介绍了出席议会的"全国协会"代表鲍曼,赞扬了鲍曼长期以来的努力。绿党的维兰特议员也从演讲台上向鲍曼表达了问候,感叹鲍曼的同伴们无法在死前得知复权的喜讯,也赞许了鲍曼多年来对复权运动的锲而不舍,否则绝对无法实现今天的这般成果。维兰特还谈到科尔特议员自始至终尽心尽力协助法案成立,社民党的兰布雷希特议员也为此四处奔波,提供了莫大的帮助。

最后,兰布雷希特议员作了总结陈词。她感慨道,仅仅在数周前,还无法想象议会将终于决议通过纳粹时代最后一批受害者群体的复权,也衷心祝愿这份历经多番商议后得到的成果能永不衰败。

掌声响彻了整个会场。

终于,议会进入了表决环节。下午 5 点 32 分,议长宣布:"请各位议员举手表决。无人反对,全票通过法案。"("全体会议议事录"16/233,科尔特、海利希编《战时反叛》2011 年收录)

闭会后,鲍曼接受日报《柏林通信》的记者采访时说道:"到现在,我还不敢相信这是真的。"他很幸福,也很悲痛,因为无法

和"全国协会"成立以来同甘共苦的其他三十六名创始成员中的任何一个人分享这一天的喜悦。(《活动记录》)

鲍曼当天就坐电车赶回了不来梅,既为了尽快把今天发生的事告诉儿女和孙辈,也为了早日建成纪念雕像,以慰长眠在托尔高的纳粹军事司法受害者。

尾　声

本书以路德维希·鲍曼的经历和行动轨迹为主轴，介绍了长期以来被德国社会视作禁忌的逃兵问题，如实记录了在第二次世界大战的极限状况下生存下来的反纳粹青年，如何从绝望的人生中振作起来，经过多年的努力，为原逃兵恢复"作为人的权利"。

本书的记录从探索纳粹军事司法和军事法庭的真实面貌开始，讲述了纳粹军事司法经历的四个阶段。战后初期，军事司法官歪曲事实，美化军事司法；自20世纪七八十年代起，新一代学者陆续展开了批评性研究；随着研究成果的累积，司法机关的态度开始转变；最终，立法机关全面否定了纳粹军事司法的合理性。撰写本书时，我注重把这四个阶段与鲍曼的行动结合起来，以达到起承转合的叙事效果。

鲍曼是名副其实的纳粹军事司法见证人。不论出于何种理由，原逃兵在战后依然常年都饱受谩骂和迫害。一直以来，鲍曼都蜷缩在社会边缘。但到1990年，将近七十岁的他不仅热心于和平运动，更是领导起了复权运动。大多数人在这个年纪都已感受到自身的衰老，往往退居二线。但鲍曼恰恰在此时重新投入战斗。毫无疑问，鲍曼必定有着强韧的体魄和坚强的内心。更重要的是，他为自己的后半生定下了明确的目标。那就是为莫名被处死的友人卢卡舍维茨

| 尾 声

和白白牺牲的同乡库尔特·奥尔登堡伸张正义。正是因为目标坚定，才能在之后的十九年间心无旁骛地专注于复权运动。

复权运动也是同时间的战斗。"全国纳粹军事司法受害者协会"共有三十七名创始成员，只有鲍曼一个人活到了最后。由这个事实便可窥见，复权之路有多么漫长。

学术研究这种协助方式极大地促成了复权的实现。战后史，尤其是与清算纳粹统治历史相关的德国政治学的发展，孕育了针对反纳粹运动的研究成果。可以认为，在这些研究成果的影响下，德国制定了相应的文化政策和历史政策（具体是指历史教育和文化教育）。换句话说，人文学科在今天德国的现实政治中依然扮演着重要的角色。这与尊重"知识"的历史传统和文化环境息息相关。

2009年，一听说联邦议院决议通过了《纳粹不当判决撤销法第二次修正法案》，我便猜想这背后必定有学术研究的支持，之后也一直记挂在心里。2016年10月，有幸同鲍曼进行了超过一个半小时的面谈。当我提起此事时，鲍曼娓娓道来同学者们的来往，仿佛在说，这不足为奇。"全国协会"和各位学术顾问有着共同的目标和信念。顾问们协助开办了揭露纳粹军事司法真相的移动展示会，鲍曼前往政府机关和议院陈情时，麦瑟史密特、韦特和施泰因巴赫等学者也纷纷同行，并发言支持鲍曼的主张。正如本书正文中的记述，他们是行动的学者，同时又潜心精进研究，可谓才华出众。

充分理解了鲍曼的讲述后，我构思出了本书的框架。虽然战后的德国社会全盘接受了被美化的纳粹军事司法，但随着学术研究成果的累积，历史真相逐渐浮出水面，这些知识也慢慢为大众所接受。能参与这样的过程,对学者来说也是一件幸事。因此,除了历史学家,法学家和教育学家也纷纷开始关注纳粹军事司法的实情。我认为,这为鲍曼等人的复权运动提供了最重要的支持和动力。

20世纪90年代的十年间,"战争一代"已逐步退出历史舞台,探明纳粹军事司法史实的研究成果喷涌而出。如果把麦瑟史密特算作战后第一代,第二代、第三代的学者也相继与鲍曼等人长期合作,共同影响舆论,呼吁社会对复权的支持,促使司法界转变立场,最终推动联邦议院全面废弃纳粹军事司法。

协助复权的学者们揭露了纳粹军事司法的真相,为军事法庭的受害者洗清"叛徒"的罪名,帮助他们树立起与此前截然相反的正面形象。位于柏林市中心的德国抵抗运动纪念馆现已成为观光名地,也是反纳粹运动的研究基地。自20世纪50年代"7月20日密谋案"的参与者实现复权以来,反纳粹运动的焦点向来集中在社会精英身上,普通市民团体和个人的行动长期被漠视,如今也逐渐受到世人的关注。因为人们意识到,"抵抗"一词也可以理解为反纳粹主义的伦理性行动(市民的勇气)。同时,人们也开始以这样的视角重新审视被军事法庭定罪的人。

使他们获罪的行为,尤其是逃跑,不论放在哪个时代、哪个国家来看都合情合理。仅仅是因为发生在希特勒的这场史无前例的侵略性、犯罪性战争中,才成了问题。但另一方面,逃兵的确违抗了公权力,擅自脱离军队组织的行为破坏了军队的秩序。仅仅因为这样的原因,在阿登纳时代,他们被刻意排除在纳粹主义问题之外,无人问津。这不仅意味着他们被迫生存在社会底层,更使他们沦落为国家和社会蔑视的对象。换句话说,他们身上背负着"双重重

| 尾　声

压"。因此鲍曼才会一遍遍地重申"丧失尊严的人无法活下去"。

正是为了不让被军事法庭定罪的人白白遭受孤立和迫害，鲍曼和麦瑟史密特才会把他们召集起来，成立"全国协会"，抗争下去直至打破身上的"双重重压"。复权运动的基本信念是，这些纳粹眼里的犯罪者不过是拒绝为希特勒作战的普通人。学术顾问们也抱有这样的信念，所以才会在联邦议院的听证会上一致强调，置身于这场侵略性、灭绝性的战争中，鲍曼等人的行动体现的是勇气而非胆怯，他们是为了坚守自己的伦理观，才会拒绝战斗，才会做出平民士兵能力范围内的抵抗。在这个意义上可以说，纳粹司法不当判决的受害者忠实于自己信仰的为人准则。相信读者从正文中也能得出这样的感受。

2009 年之后，鲍曼又在忙些什么呢？2010 年 5 月，他终于得偿所愿，在国防军曾经最大的监狱托尔高军事监狱（1990 年改造为萨克森州的监狱，现在是青少年的行为矫正设施）的正门旁，设立了专门追悼纳粹军事司法受害者的纪念像。接着，鲍曼又致力在全国各地为逃兵和其他纳粹军事司法的受害者建立纪念碑。2015 年 11 月，汉堡也完成了纪念碑的安置，鲍曼同汉堡市长一起在揭幕仪式上作了祝贺致辞。

鲍曼一直对亡友库尔特·奥尔登堡的死难以释怀，为了悼念他，2009 年 7 月，鲍曼在库尔特的故乡、汉堡的万茨贝克为他安置了"绊脚石"。2016 年 9 月，鲍曼又请愿将汉堡市东部新建成的道路命名为"库尔特·奥尔登堡之路"。

在此期间，鲍曼几乎定期在汉堡的各个学校内为青少年演讲，举办故事之夜。他兴冲冲地和我分享了一个小女孩写的听后感。

2010年5月在原托尔高军事监狱正门旁建立的纪念碑。死者躺着的石座侧面刻着卢卡舍维茨的遗言"绝不能让战争重演!"(本书作者拍摄)

在汉堡市斯特凡广场上建立的逃兵纪念碑。内部设有专门的区域,介绍被处死的逃兵。(本书作者拍摄)

| 尾　声

汉堡市东部的一个住宅区入口处设立的路标，上面写着"库尔特·奥尔登堡之路"。（本书作者拍摄）

亲爱的鲍曼先生：

　　能亲耳听到您这样见证了历史的人讲述过去真是太棒了。一直以来，我们从历史书和其他书籍里看了很多、听了很多过去的人如何生活的故事。但鲍曼先生讲述的是真实的历史，不，是您的人生。我很感动，久久都无法平静。原来，您遭受了那么多折磨，而您也不得不那么活下去，我感到痛心极了。那些非人的景象仿佛就在我眼前。太可怕了。……但现在的您能笑了，这让我很高兴。因为看到您的脸上洋溢着微笑，我的心里仿佛也种下了一颗种子，很幸福。我也想贡献一份力量，帮助鲍曼先生实现最后的愿望。为了建成逃兵们的纪念碑，使他们获得幸福，我和班上的同学们将一起竭尽所能。

(《自传》)

2018 年 7 月 5 日,路德维希·鲍曼去世,享年九十岁。他和妻子瓦尔特劳德一起长眠在不来梅格拉布克教区的墓地。

后　记

　　1944年末，也就是二战结束的前一年，我的父亲应征入伍。1949年秋天，被囚禁在西伯利亚的父亲复员回国。关于那时的父亲，只有一件事让我至今难忘。晚饭后，父亲总会谈起残酷的牢狱生涯。劳动繁重，食物短缺，冬天仅有一条薄薄的毯子御寒。一同被俘虏的日本士兵死了大半，但父亲坚信，出生在北国的自己一定能熬过严寒。他总说，靠着这样顽强的信念才活了下来。

　　撰写本书时，常常会想起父亲的这些话。同为从军的一代人，他和鲍曼都经历了最恶劣的生存状况。

　　十多年前访问德国时，我从电视节目中了解到了鲍曼的活动，立即对他产生了浓厚的兴趣。复员后，我的父亲一心忙于农活，勤勤恳恳地劳作到了七十岁。但鲍曼却截然不同，他可以从惨淡的人生境况中振作起来，八十多岁的高龄还在为和平运动与逃兵复权奔波。这让我十分敬佩。我一向热衷于在广泛的人文研究的框架下，理解人在时代的巨变中如何生存，如何实现人生的价值。因此，鲍曼是十分合适的研究对象。

　　后来，我有机会结识了鲍曼，从他手中收下了活动记录的剪贴簿。那一刻，我多想趁他健在的时候完成关于他的著作。但对于我这样一个门外汉来说，纳粹的军事司法实在难以理解，有太多需要

| 后 记

学习的知识。最终,还是没能赶在鲍曼离世前写完这本书。

成书后,我确认了两件事。首先,一直以来,德国都极力宣传"与过去划清界限"的正面形象。但事实上,这种清算只停留在了表面。其次,随着"德国最后的禁忌"被打破,纳粹时期军事司法的真相公之于世,德国的政治世界才终于实现了"清算"。学者们怀着对军事司法的质疑,挖掘史实,累积研究成果,在此过程中坚定了对人类普世价值的敬畏,才最终促成了这一切。我还认为,正是因为"禁忌"被打破,本就拥有自由主义精神的默克尔政权才得以开展相应的历史政策。

在查阅德国战后史的过程中,也自然会联想起日本。反过来说,对日本的状况产生疑问时,也会试图从德国身上找寻答案。本书尽量避免谈及日本。但一看到每况愈下的现实世界,多少还是希望在书中表达自己的忧思〔因此,我对 NHK 采访组和北博昭撰写的《战场上的军事法庭——日本士兵为何被处决》(NHK 出版,2013 年)很感兴趣〕。本书以鲍曼横跨一个世纪的一生为主轴,讲述了逃兵复权的整个过程。希望能为读者带来些许思考。

在此衷心感谢中公新书编辑部的各位为本书的出版提供的诸多协助。

对马达雄
冈山县仓敷市
2020 年 7 月 新冠病毒正席卷全世界之时

主要文献

与路德维希・鲍曼有关的基础性文献

『1985年から2015年までの復権活動の記録』……关于鲍曼及相关者活动的报道（缩印版）、书信、联邦议会决议文件、各种记录文件的剪贴簿。

Baumann, Ludwig: *Niemals gegen das Gewissen. Plädoyer des letzten Wehrmachtsdeserteurs*, Freiburg 2014.（自伝『良心に恥じることなく』）

Baumann, Ludwig: Zehn Monate in der Todeszelle. Interview mit dem Vorsitzenden der »Bundesvereinigung der Opfer der NS-Militärjustiz e.V.«. In, Korte, Jan / Heilig, Dominic (Hg.): *Kriegsverrat. Vergangenheitspolitik in Deutschland*, Berlin 2011.（『戦時反逆』）

与纳粹军事司法、军事法庭有关的基础性文献和重要研究性书籍

Absolon, Rudolf (Bearb,): *Das Wehrmachtstrafrecht im 2. Weltkrieg. Sammlung der grundlegenden Gesetze, Verordnungen und Erlasse*, Kornelimünster 1958.（『第二次世界大戦の国防軍刑法』）

Kammler, Jörg: *Ich habe die Metzelei satt und laufe über..., Kasseler Soldaten zwischen Verweigerung und Widerstand (1939–1945). Eine Dokumentation*, Fuldabrück 1985, 1997 (3. Aufl.).（『〈殺戮にはうんざりして投降した……〉——拒否と抵抗の狭間のカッセルの兵士たち（1939～1945）・資料』）

Haase, Norbert / Gedenkstätte Deutscher Widerstand (Hg.): *Das*

Reichskriegsgericht und der Widerstand gegen die nationalsozialistische Herrschaft, Katalog zur Sonderausstellung der Gedenkstätte Deutscher Widerstand in Zusammenarbeit mit der Neuen Richtervereinigung, Berlin 1993.（『国家軍法会議とナチス支配への抵抗』特別展資料）

Wüllner, Fritz: *Die NS-Militärjustiz und das Elend der Geschichtsschreibung. Ein grundlegender Forschungsbericht*, Baden-Baden 1991, 1997 (2. Aufl.).（『ナチス軍司法と悲惨な歴史記述——基礎的研究報告』）

Wüllner, Hermine (Hg.): »... *kann nur der Tod die gerechte Sühne sein«. Todesurteile deutscher Wehrmachtsgerichte. Eine Dokumentation*, Baden-Baden 1997.（『"死ぬことだけが正しい償いとなる……"——軍法会議の死刑判決・資料』）

Wette, Wolfram / Vogel, Detlef (Hg.): *Das letzte Tabu. NS-Militärjustiz und »Kriegsverrat«*, Berlin 2007.（『最後のタブー——ナチス軍司法と〈戦時反逆〉』）

Baumann, Ulrich / Koch, Magnus / Stiftung Denkmal für die ermordeten Juden Europas (Hg.): *»Was damals Recht war...«. Soldaten und Zivilisten vor Gerichten der Wehrmacht*, Berlin 2008.（「"当時適法であったものが……"——国防軍軍法会議で裁かれる兵士と市民」）

==============以上资料按出版年代顺序排列==============

Messerschmidt, Manfred / Wüllner, Fritz: *Die Wehrmachtjustiz im Dienste des Nationalsozialismus. Zerstörung einer Legende*, Baden-Baden 1987.（『ナチズムに奉仕した国防軍司法——神話の崩壊』）

Messerschmidt, Manfred: *Die Wehrmachtjustiz 1933–1945*, Paderborn 2005, 2008 (2. Aufl.).（『国防軍司法 1933—1945』）

与逃兵有关的资料和研究性书籍

Haase, Norbert: *Deutsche Deserteure*, Berlin 1987.（『ドイツの脱走兵』）
Saathoff, Günter / Eberlein, Michael / Müller, Roland / Heinrich-Böll-

Stiftung (Hg.): *Dem Tode entronnen. Zeitzeugeninterviews mit Überlebenden der NS-Militärjustiz*, Köln 1993. (『死をまぬがれた——ナチス軍司法生存者の証言記録』)

Wette, Wolfram (Hg.): *Deserteure der Wehrmacht. Feiglinge—Opfer—Hoffnungsträger?. Dokumentation eines Meinungswandels*, Augsburg 1995. (『国防軍の脱走兵——記録集』)

==========以上资料按出版年代顺序排列==========

Ausländer, Fietje (Hg.): *Verräter oder Vorbilder? Deserteure und ungehorsame Soldaten im Nationalsozialismus*, Bremen 1990.

Haase, Norbert / Paul, Gerhard (Hg.): *Die anderen Soldaten. Wehrkraftzersetzung, Gehorsamsverweigerung und Fahnenflucht im Zweiten Weltkrieg*, Frankfurt a. M. 1995.

Kirschner, Albrecht (Hg.): *Deserteure, Wehrkraftzersetzer und ihre Richter. Marburger Zwischenbilanz zur NS-Militärjustiz vor und nach 1945*, Marburg 2010. (『脱走兵・国防力破壊者・裁判官』)

Koch, Magnus: *Fahnenfluchten. Deserteure der Wehrmacht im Zweiten Weltkrieg—Lebenswege und Entscheidungen*, Paderborn 2008.

Perels, Joachim / Wette, Wolfram (Hg.): *Mit reinem Gewissen. Wehrmachtrichter in der Bundesrepublik und ihre Opfer*, Berlin 2011. (『やましさのない心をもって——連邦共和国の軍司法官と犠牲者』)

Petersson, Lars G.: *Hitler's deserters. When law merged with terror*, Oxford 2013. (『ヒトラーの脱走兵——法がテロルと合体したとき』)

Wette, Wolfgang: *Ehre, wem Ehre gebührt! Täter, Wilderständler und Retter (1939-1945)*, Bremen 2014. (『栄誉——誰のものか』)

以上资料和研究书籍在各章均有出现，不再列入各章参考文献。

各章参考文献

【第一章】

アドルフ・ヒトラー（平野一郎・将積茂訳）『わが闘争（下）』(23版）角川文庫1989年
岡典子『ナチスに抗った障害者——盲人オットー・ヴァイトのユダヤ人救援』明石書店2020年
河島幸夫『戦争・ナチズム・教会——現代ドイツ福音主義教会史論』新教出版社1993年
阪口修平・丸畠宏太編著『軍隊』ミネルヴァ書房2009年
ティモシー・スナイダー（布施由紀子訳）『ブラッドランド（上・下）』筑摩書房2015年
Bade, C. / Skowronski L. / Viebig, M. (Hg.) : *NS-Militärjustiz im Zweiten Weltkrieg. Disziplinierungs- und Repressionsinstrument in europäischer Dimension*, Göttingen 2015.
Baier, Stephan: Das Todesurteil des Kriegsgerichtsrats Dr. Schwinge. In, *Kritische Justiz*, Vol. 21, Nr. 3 (1988).（「軍司法官シュヴィンゲ博士の死刑判決」『批判的司法』）
Garbe, Detlef: *Zwischen Widerstand und Martyrium. Die Zeugen Jehovas im „Dritten Reich"*, München 1999.
Georg-Elser-Initiative Bremen e. V.: *2009 Ausstellung Was damals Recht war. „Wehrkraftzersetzung". Der Fall Luise Otten*. (online)（「『国防力破壊』——ルイーゼ・オッテンの場合」2009年展示会資料）
Goeb, Alexander: *Er war sechzehn, als man ihn hängte. Das kurze Leben des Widerstandskämpfers Bartholomäus Schink*, Reinbek bei Hamburg 1981.（『処刑されたとき彼は16歳だった』）
Herrmann, Ulrich: Zwei junge Soldaten als Opfer der NS-Wehrmachtjustiz. Der „Wehrkraftzersetzer" Horst Bendekat und der Deserteur Ludwig Baumann. In, Herrmann, Ulrich / Müller, Rolf-Dieter (Hg.): *Junge Soldaten im Zweiten Weltkrieg. Kriegserfahrungen als Lebenserfahrungen*, Weinheim 2010.（『第二次世界大戦下の少年

兵』)

Klausch, Hans-Peter: *Die Bewährungstruppe 500. Stellung und Funktion der Bewährungstruppe 500 im System von NS-Wehrrecht, NS-Militärjustiz und Wehrmachtstrafvollzug*, Bremen 1995.

Oleschinski, Wolfgang: Ein Augenzeuge des Judenmords desertiert. Der Füsilier Stefan Hampel. In, Wette, Wolfram (Hg.): *Zivilcourage. Empörte, Helfer und Retter aus Wehrmacht, Polizei und SS*, Frankfurt a. M. 2004. (「ユダヤ人虐殺の目撃者は脱走した――二等兵シュテファン・ハンペル」『市民的勇気』)

Roloff, Stefan: *Die Rote Kapelle. Die Widerstandsgruppe im Dritten Reich und die Geschichte Helmut Roloffs*, Berlin 2002. (『ローテ・カペレ』)

【第二章】

石田勇治『過去の克服――ヒトラー後のドイツ』白水社 2002 年

板橋拓己『アデナウアー――現代ドイツを創った政治家』中公新書 2014 年

ウィーラー＝ベネット・J（山口定訳）『国防軍とヒトラー 1918―1945 II』みすず書房 2002 年（新装版）

カール・ヤスパース（橋本文夫訳）『戦争の罪を問う』平凡社 1998 年

グスタフ・ラートブルフ（小林直樹訳）「実定法の不法と実定法を超える法」（ラートブルフ著作集第 4 巻『実定法と自然法』東京大学出版会 1961 年）

クリストファー・R・ブラウニング（谷喬夫訳）『増補 普通の人びと――ホロコーストと第 101 警察予備大隊』ちくま学芸文庫 2019 年

芝健介『ニュルンベルク裁判』岩波書店 2015 年

高橋和之編『新版 世界憲法集』岩波文庫 2007 年

本田稔「ナチス刑法における法実証主義支配の虚像と実像」（『立命館法学』2015 年 5・6 号）

守屋純『国防軍潔白神話の生成』錦正社 2009 年

山下公子『ヒトラー暗殺計画と抵抗運動』講談社 1997 年

Adenauer, Konrad: 21. Juli 1948-Rede vor Studenten im Chemischen Institut der Universität Bonn. In, Schwarz, H.-P. (Hg.): *Konrad Adenauer. Reden 1917-1967. Eine Auswahl*, Stuttgart 1975.（『コンラート・アデナウアー――演説選集 1917〜1967』）

Arndt, Adolf: Widerstand gegen die Vollstreckung eines Todesurteils wegen Fahnenflucht. In, *Süddeutsche Juristen-Zeitung*, Jg. 2, Nr. 6, Juni 1947.

Frei, Norbert: *Vergangenheitspolitik. Die Anfänge der Bundesrepublik und die NS-Vergangenheit*, München 1999, 2003 (2. Aufl.).

Görtemaker, Manfred / Safferling, Christoph: *Die Akte Rosenburg. Das Bundesministerium der Justiz und die NS-Zeit*, München 2016.（『ローゼンブルク文書』）

Gruchmann, Lothar: Ausgewählte Dokumente zur deutschen Marinejustiz im Zweiten Weltkrieg. In, *Vierteljahrshefte für Zeitgeschichte*, Jg. 26 (1978), Heft 3.（「第二次世界大戦のドイツ海軍司法の文書」）

Kramer, Helmut: Die versäumte juristische Aufarbeitung der Wehrmachtjustiz. In, Kramer, H. / Wette, Wolfram (Hg.): *Recht ist, was den Waffen nützt. Justiz und Pazifismus im 20. Jahrhundert*, Berlin 2004.

Kühne, Thomas: *Kameradschaft. Die Soldaten des nationalsozialistischen Krieges und das 20. Jahrhundert*, Göttingen 2006.（『戦友意識』）

Material für den Unterricht. Wanderausstellung „Was damals Recht war..."-Soldaten und Zivilisten vor Gerichten der Wehrmacht, Volkshochschule Aachen o.J. (online)（「"当時適法であったものが……"――国防軍軍法会議で裁かれる兵士と市民」アーヘン市民大学授業資料）

Radbruch, Gustav: Gesetzliches Unrecht und übergesetzliches Recht(1946). In, Wolf, E. / Schneider H. P. (Hg.): *Gustav Radbruch. Rechtsphilosophie*, Stuttgart 1973(8. Aufl.).

Rüter-Ehlermann, Adelheid L. / Fuchs, H. H. / Rüter, C. F. (Bearb.): *Justiz und NS-Verbrechen. Sammlung deutscher Strafurteile wegen nationalsozialistischer Tötungsverbrechen 1945-1966*, Bd. 10, Amsterdam 1973.（『司法とナチス犯罪』）

【第三章】

Aicher, Otl: *innenseiten des krieges*, Frankfurt a. M. 1985, 2011 (3. Aufl.).（『戦争の内側』）

Fröhlich, Claudia: »*Wider die Tabuisierung des Ungehorsams*«. *Fritz Bauers Widerstandsbegriff und die Aufarbeitung von NS-Verbrechen*, Frankfurt a. M. 2006.

Deutscher Bundestag, 10. Wahlperiode, *Drucksache 10/6566*（「連邦議会印刷資料」10/6566）

Forum: Die Entscheidung des BSG zu den Todesurteilen der Wehrmachtsgerichte. In, *Neue Juristische Wochenschrift*, Jg. 46 (1993), Heft 6.

Gritschneder, Otto: *Furchtbare Richter. Verbrecherische Todesurteile deutscher Kriegsgerichte*, München 1998.（『恐るべき裁判官たち――ドイツ軍法会議の犯罪的な死刑判決』）

Müller, Ingo: *Furchtbare Juristen. Die unbewältigte Vergangenheit unserer Justiz*, München 1989.（『恐るべき法律家たち――司法界の未解決の過去』）

Richter, Peter / Haase, Norbert: *Denkmäler ohne Helden. Erinnerungskultur im Spannungsfeld von Kriegsgedenken und Desertion*, Lengerich 2019.

Schweling, Otto Peter / Schwinge, Erich (bearb. u. hrsg.): *Die deutsche Militärjustiz in der Zeit des Nationalsozialismus*, Marburg 1977.（『ナチス時代のドイツ軍司法』）

Schwinge, Erich: *Verfälschung und Wahrheit. Das Bild der Wehrmachtgerichtsbarkeit*, Tübingen 1988.（『欺瞞と真実――国防軍の裁判権の姿』）

Wette, Wolfram (Hg.): *Filbinger. eine deutsche Karriere*, Hannover 2006.（『フィルビンガー――あるドイツ人の出世物語』）

Wulfhorst, Traugott: Vom „jungen Soldaten" zum Revisionsrichter für Kriegsopferversorgung. In, Herrmann, Ulrich / Müller, Rolf-Dieter (Hg.): *Junge Soldaten im Zweiten Weltkrieg. Kriegserfahrungen als Lebenserfahrungen*, Weinheim 2010.（「少年兵から戦争犠牲者補償の裁判官へ」『第二次大戦下の少年兵』）

【第四章】

木戸衛一「ドイツにおける"国防軍論争"」（季刊『戦争責任研究』第18号1997年冬季号）

中田潤「国防軍の犯罪と戦後ドイツの歴史認識」（『茨城大学人文学部紀要、社会科学論集』35：1 －18）

Amtsblatt der Evangelischen Kirche in Deutschland, Heft 12, Jg. 1996, Hannover.（『ドイツ福音主義教会機関紙』）

Deutscher Bundestag 13. 14. 16. Wahlperiode, *Drucksache* 13/4586, 6900, 7671, 7669, 8114, 10848. 14/5056, 5612, 8114, 8276. 16/1849, 3139, 13032, 13405. *Plenarprotokoll* 16/230, 233（本会議議事録）

Deutscher Bundestag 13. Wahlperiode Rechtsausschuß (6. Ausschuß) *Protokoll Nr. 31.*（公聴会議事録）

Deutscher Bundestag 14. Wahlperiode Rechtsausschuß (6. Ausschuß) *Protokoll Nr. 126.*

Deutscher Bundestag 16. Wahlperiode Rechtsausschuß (6. Ausschuß) *Protokoll Nr. 98.*

Dokumente des Bundestages. In, Korte, Jan / Heilig, Dominic (Hg.): *Kriegsverrat*, Berlin 2011.

Hamburger Institut für Sozialforschung (Hg.): *Vernichtungskrieg. Verbrechen der Wehrmacht 1941 bis 1944. Ausstellungskatalog*, Hamburg 1996, 1997 (3. Aufl.).

Heilig, Dominic: Zum Ablauf der politischen Auseinandersetzungen. In, Korte, Jan / Heilig, Dominic (Hg.): *Kriegsverrat*, Berlin 2011.

Kramer, Helmut: Geschichtsfälschung im Dienst der Politik. In, Biskupek, M. u. a. (Hg.): *Ossietzky*, Nr. 23 vom 15 November 2008.

(『政治に仕える歴史の歪曲』)
Päuser, Frithjof Harms: *Die Rehabilitierung von Deserteuren der Deutschen Wehrmacht unter historischen, juristischen und politischen Gesichtspunkten mit Kommentierung des Gesetzes zur Aufhebung nationalsozialistischer Unrechtsurteile (NS-AufhG vom 28.05.1998)*, Inaugural-Dissertation, 2000.

Saathoff, Günter / Dillmann, Franz / Messerschmidt, Manfred: *Opfer der NS-Militärjustiz. Zur Notwendigkeit der Rehabilitierung und Entschädigung* (Schriftenreihe zur NS-Verfolgung, Nr.2), Köln 1994. (『ナチス軍司法の犠牲者』)

Vogel, Hans-Jochen (Hg.): *Gegen Vergessen. Für Demokratie*, München 1994. (『忘却に反対し民主主義を守る』)

HITLER NO DASSOUHEI：URAGIRIKA TEIKOUKA, DOITSU SAIGO NO TABOO
BY Tatsuo TSUSHIMA
Copyright © 2020 Tatsuo TSUSHIMA
Original Japanese edition published by CHUOKORON‐SHINSHA，INC.
All rights reserved.
Chinese（in Simplified character only）translation copyright © 2024
by Shanghai Translation Publishing House
Chinese（in Simplified character only）translation rights arranged with
CHUOKORON‐SHINSHA，INC. through BARDON
CHINESE CREATIVE AGENCY LIMITED，HONG KONG．

图字：09‐2023‐0051号

图书在版编目（CIP）数据

希特勒的逃兵：背叛还是抵抗，德意志最后的禁忌／（日）对马达雄著；陈瑜译. -- 上海：上海译文出版社，2024. 11. --（历史学堂）. -- ISBN 978‐7‐5327‐9540‐6

Ⅰ. K516.44
中国国家版本馆CIP数据核字第2024CG4134号

希特勒的逃兵：背叛还是抵抗，德意志最后的禁忌
［日］对马达雄 著　陈　瑜译
责任编辑／薛　倩　装帧设计／赤　徉

上海译文出版社有限公司出版、发行
网址：www.yiwen.com.cn
201101　上海市闵行区号景路159弄B座
上海颛辉印刷厂有限公司印刷

开本890×1240　1/32　印张7.75　插页2　字数126,000
2024年11月第1版　2024年11月第1次印刷
印数：0,001—5,000册

ISBN 978‐7‐5327‐9540‐6
定价：58.00元

本书中文简体字专有出版权归本社独家所有，非经本社同意不得转载、摘编或复制
如有严重质量问题，请与承印厂质量科联系。T：021‐56152633‐607